LA

PHOTOGRAPHIE AU CHARBON

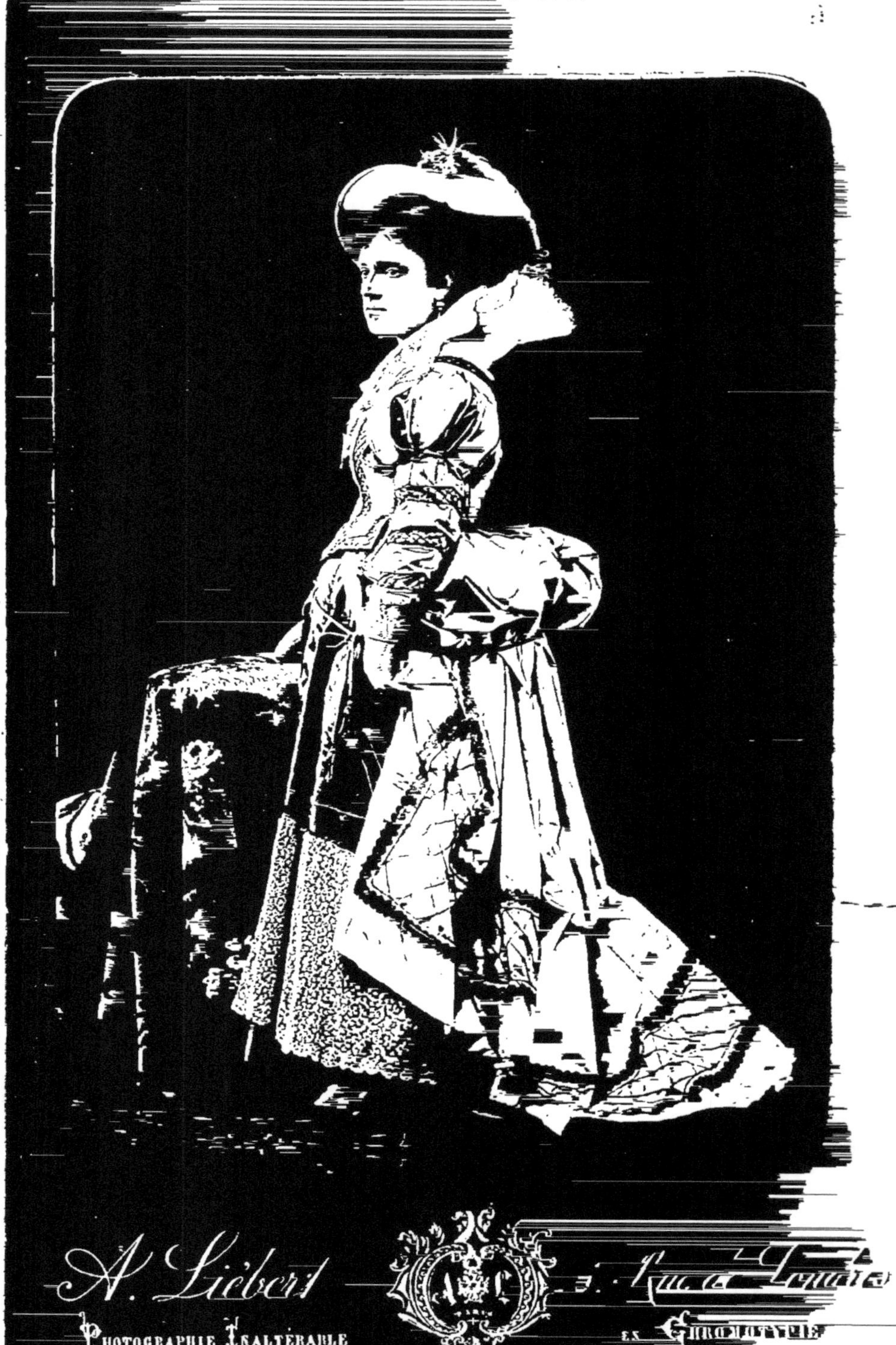
A. Liébert
PHOTOGRAPHIE INALTÉRABLE
CHROMOTYPE

LA
HOTOGRAPHIE AU CHARBON

MISE A LA PORTÉE DE TOUS
NOUVEAU PROCÉDÉ D'IMPRESSION INALTÉRABLE

PAR LES SELS DE CHROME

PRODUISANT DES IMAGES A UNE OU A PLUSIEURS TEINTES, AVEC OU
SANS INSCRIPTION, REDRESSÉES ET ÉMAILLÉES
MATES OU DEMI-BRILLANTES COMME LE PAPIER ALBUMINÉ, A L'AIDE
D'UN NOUVEAU SYSTÈME DE CHASSIS
brevetés s. g. d. g.

SUIVI D'UN EXCELLENT PROCÉDÉ D'AGRANDISSEMENT AVEC NÉGATIFS
AU CHARBON
D'UNE MÉTHODE TRÈS-SIMPLE POUR FAIRE LES CLICHÉS PELLICULAIRES
OU RETOURNÉS
D'UN PROCÉDÉ POUR LA MULTIPLICATION DES CLICHÉS AUSSI
FINS QUE LE NÉGATIF ORIGINAL
D'UNE NOUVELLE MÉTHODE POUR SUBSTITUER AUX FONDS FACTICES DES
ATELIERS, DES FONDS D'APRÈS NATURE OU AUTRES
ETC., ETC.

DESCRIPTION PRATIQUE DES OPÉRATIONS

Par A. LIÉBERT

Auteur de *la Photographie en Amérique*

1re ÉDITION

PARIS

EN VENTE CHEZ L'AUTEUR A. LIÉBERT, 6, RUE DE LONDRES
ET CHEZ TOUS LES FOURNISSEURS POUR LA PHOTOGRAPHIE

1876
Tous droits réservés.

PRÉFACE

L'inaltérabilité des images photographiques, qui préoccupe à juste titre tous les hommes sérieux, jaloux de produire des œuvres durables, sans lesquelles la photographie ne peut plus exister, nous a décidé à publier une brochure spéciale pour ce genre de travail, afin de remplir une lacune que nous avons remarquée dans les meilleurs ouvrages.

Depuis longtemps déjà nos recherches se sont portées sur l'emploi des sels de chrome incorporés à une mixtion de gélatine colorée, connue sous le nom de : *Procédé au charbon*, qui tend à se vulgariser de plus en plus, et qui commence à entrer dans le domaine de la pratique.

1

Nos efforts ont été couronnés d'un plein succès, car les images que nous obtenons chaque jour par ce procédé peuvent rivaliser, à tous les points de vue, avec les plus belles épreuves aux sels d'argent, et elles ont l'immense avantage de résister au temps, ce grand destructeur des photographies faites par l'ancienne méthode, qui est appelée à disparaître fatalement des ateliers, comme déjà ont disparu les plaques daguerréennes que l'on considérait comme le *desiderata* il y a trente ans !

Telle est la loi du progrès !!!

Malheureusement, à l'exception de quelques hommes spéciaux, qui seuls, dans le principe, ont compris tout le parti qu'on pouvait tirer de la belle découverte de Poitevin, aucune maison sérieuse n'avait consenti à sortir de l'ancienne routine pour adopter une chose nouvelle qui, cependant, devait révolutionner la photographie ; c'est pourquoi il est peu de personnes, aujourd'hui, connaissant le procédé au charbon dans tous ses détails, et capables d'en faire une bonne application, malgré la simplicité des opérations.

Nous pensons donc rendre service à tous ceux qui voudront désormais employer ce nouveau genre d'impression, en mettant à leur disposition un cours complet et très-détaillé du procédé, afin de leur épargner de longues recherches, des essais souvent infructueux et une perte de temps considérable. Ils profiteront ainsi des travaux longs et dispendieux que nous avons dû faire nous-même pour arriver à une réussite certaine et à des résultats parfaits.

Nous compléterons ce petit volume par la description d'un procédé d'agrandissement avec négatifs au charbon et sur papier ;

D'un moyen très-simple pour faire les clichés pelliculaires ou retournés, si utiles pour l'impression au charbon, par un seul transfert, et surtout pour obtenir des images redressées par les encres grasses ;

D'un procédé pour la multiplication des clichés aussi fins que le négatif original, et enfin, d'une nouvelle méthode pour substituer aux fonds factices des ateliers, des fonds faits d'après nature ou autres, etc., etc.

Nous n'avons pas cherché à faire de phrases inutiles, mais nous nous sommes efforcé d'être clair et concis ; nous espérons avoir atteint notre but.

Il suffira donc, à toute personne intelligente connaissant déjà la photographie ordinaire, de suivre les formules indiquées dans ce volume, et de tenir compte très-scrupuleusement de nos observations, pour arriver promptement à des résultats certains.

Nous serons heureux si, par ce travail, nous contribuons à vulgariser le procédé au charbon, qui, seul aujourd'hui, peut relever la photographie du discrédit qui s'attache aux images éphémères produites par les sels d'argent, en attendant que les encres grasses, dont les résultats deviennent chaque jour plus beaux et l'exécution plus facile, le remplacent à leur tour dans les ateliers des photographes portraitistes, comme cela a lieu déjà pour les publications de quelque importance dans les ateliers des lithographes qui ont su s'adjoindre cette branche du nouvel art.

AVANT-PROPOS

Depuis longtemps, les photographes ayant reconnu l'instabilité des images formées par les sels d'argent, quelques-uns d'entre eux se sont efforcés de remédier à ce vice capital en substituant à ces sels altérables une matière analogue à l'encre d'imprimerie, dont la durée est illimitée.

La découverte du procédé au charbon, dont nous nous occuperons spécialement dans la première partie de cet ouvrage, est due à M. Poitevin, et remonte à 1855.

Depuis cette époque, plusieurs chercheurs, parmi lesquels nous citerons : l'abbé Láborde, Fargier, Blair, Swan, Jean Renaud, Davies, Johnson, Vidal, Marion et autres, comprenant l'im-

1*

portance de cet admirable procédé, s'en sont faits les premiers propagateurs en le perfectionnant. Malheureusement, ils avaient à lutter contre la routine, dont la force d'inertie est immense, et aussi contre certaines difficultés inhérentes au procédé lui-même, qui ne permettait pas encore de produire un travail régulier et sûr.

La difficulté et l'incertitude de la fabrication du papier au charbon, dont la qualité dépend d'une foule de causes qu'il fallait étudier sérieusement, ont également retardé la production en plus grand nombre d'épreuves inaltérables, surtout parmi les photographes portraitistes.

Grâce aux efforts persévérants de certains hommes de progrès qui ont compris, les premiers, que la production d'épreuves inaltérables pouvait seule sauver la photographie de la défaveur, chaque jour croissante, qui s'attache aux images fugitives, on peut dire aujourd'hui que le but est atteint et que la photographie aux sels d'argent est destinée à disparaître fatalement dans un avenir très-prochain.

Nous sommes heureux, pour notre part, d'avoir pu contribuer à cet état de choses, qui, nous en sommes convaincu, donnera un nouvel essor

à l'art que nous pratiquons, et nous sommes convaincu que bientôt tous les photographes sérieux
comprendront leur véritable intérêt en produisant
exclusivement des œuvres durables, que le public
intelligent saura apprécier.

Extrait du journal *l'Événement,* en date du
20 novembre 1875 :

LA PHOTOGRAPHIE INALTÉRABLE !

La photographie vient de faire un pas immense
qui doit la faire classer dès aujourd'hui au premier rang des arts industrels.

Tout le monde a pu remarquer que les épreuves
tirées par l'ancienne méthode aux sels d'argent,
si belles lorsqu'elles sortent de l'atelier, s'altèrent
promptement, jaunissent d'abord, puis pâlissent,
et finalement s'effacent au bout de quelques
années. Il était donc impossible de produire des
œuvres durables malgré tous les soins qu'on pouvait apporter à ce travail, car l'élément destructeur
était dans l'image elle-même, c'est-à-dire dans le
composé des produits qui l'avaient formé.

Ce fâcheux état de choses a préoccupé depuis
longtemps les spécialistes et les chercheurs, dont
plusieurs se sont mis à l'œuvre pour trouver un
remède efficace contre cette maladie qui menaçait

de tuer la photographie, cette magnifique découverte du siècle !

En 1855, un savant chimiste, M. Poitevin, découvrait l'action de la lumière sur la gélatine bichromatée, permettant d'obtenir, avec des poudres inertes et impalpables, des épreuves indélébiles comme la gravure et la lithographie. Ce procédé, qui devait devenir la base des nouveaux tirages photographiques en ouvrant un horizon nouveau à tous les adeptes des Niepce, des Daguerre, des Talbot et autres savants, a nécessité vingt années pour arriver au degré de perfection où il est aujourd'hui, grâce aux efforts persévérants de quelques hommes dévoués à la science qui ont pâli sur cette question ardue : remplacer les sels d'argent, si facilement attaquables, par des substances capables de défier les actions combinées du temps et de la lumière, tout en produisant des images pouvant rivaliser comme finesse et comme beauté avec celles qui avaient eu la vogue jusqu'alors.

Parmi ces chercheurs nous citerons en première ligne Fargier, Swan, Johnson, Marion, Léon Vidal, Liébert, etc., etc. Aujourd'hui, les perfectionnements acquis changent complétement l'art héliographique, l'épreuve au chlorure d'argent a fait son temps ; le tirage aux sels de chrome la détrônera bientôt partout, et nous pourrons être sûrs désormais de conserver les images produites par la chambre noire.

Il y a donc là un progrès sérieux et réel dont tout le monde profitera, grâce à l'initiative infatigable d'un de nos photographes les plus connus aujourd'hui à Paris, M. Liébert, dont les œuvres sont remarquées depuis longtemps des véritables artistes, et qui pousse l'amour de son art jusqu'à lui sacrifier tous ses instants pour se faire le propagateur de cette nouvelle méthode qu'il a perfectionnée en la rendant pratique, ce qui assure désormais l'avenir de la photographie, un moment compromis.

PREMIÈRE PARTIE

LA PHOTOGRAPHIE AU CHARBON ; PROCÉDÉS OPÉRATOIRES

CHAPITRE PREMIER

Organisation des ateliers pour le tirage et le développement des épreuves au charbon ; matériel nécessaire.

L'atelier de tirage pour les images au charbon ne diffère pas sensiblement de celui qui sert au tirage par les sels d'argent ; néanmoins, comme les sels de chrome sont beaucoup plus sensibles à la lumière blanche que le chlorure d'argent, on doit prendre plus de précautions lorsqu'on charge et décharge les châssis.

L'organisation qui nous a semblé la plus commode, et que nous recommandons à tous ceux qui veulent faire un travail important, est la suivante :

Dans une cour, dans un jardin, sur le toit d'une maison, partout enfin où la lumière arrive régulièrement, diffuse autant que possible, on établit une sorte de laboratoire assez spacieux, éclairé par des verres jaunes ou par des verres ordinaires, recouverts de papier jaune antiphotogénique ; dans ce laboratoire, qui peut servir à sensibiliser le papier le soir et à le couper le matin, on fait établir une ou plusieurs plates-formes de 2 à 3 m. de longueur sur 1 m. de largeur, roulant comme un wagon de chemin de fer sur des bâtis en bois, avec rails, dont la moitié se trouve à l'intérieur du laboratoire et l'autre moitié à l'extérieur ; la partie inférieure de ce bâti est garnie, à l'intérieur du laboratoire, de tiroirs à compartiments destinés à recevoir le papier au charbon, coupé de dimension, comme il sera expliqué plus loin, et les épreuves imprimées, en les classant par sortes, au sortir des châssis.

Sur ces plates-formes sont placés les châssis-presses que l'on charge dans l'intérieur du laboratoire, après quoi on les pousse au dehors où elles sont maintenues jusqu'à ce que les images soient suffisamment imprimées ; puis on les rentre de nouveau pour décharger et recharger les châssis que l'on expose de nouveau à la lumière, et ainsi de suite.

Lorsqu'on a plusieurs de ces plates-formes à roulettes, le tirage se fait très-rapidement, parce que les châssis de l'une sont déchargés et rechargés pendant que ceux de l'autre s'impriment ; or, comme chaque plate-forme peut contenir de dix à douze châssis, portant chacun de six à neuf clichés, chaque tour permet d'imprimer de soixante à quatre-vingts épreuves par plate-forme ; il suffit, dans ce cas, d'un homme pour faire le travail intérieur et d'un autre pour surveiller le photo-mètre.

Ces mêmes plates-formes peuvent servir, bien entendu, lorsqu'on se sert de châssis ordinaires pour l'impression des portraits de plus grande dimension, soit en fond plein, soit autrement, ainsi qu'il sera expliqué plus loin.

Les châssis que nous venons d'indiquer sont spécialement construits pour le tirage des épreuves-cartes et cartes-album avec entourage teinté, ils facilitent et simplifient considérablement le travail, tout en produisant des résultats qu'il serait impossible d'obtenir par les moyens ordinaires.

L'atelier pour le développement doit être spacieux, bien éclairé, au rez-de-chaussée autant que possible, avec un sol bitumé ou dallé, pour que l'eau, dont on se sert en abondance, puisse s'écouler facilement.

Du côté vitré de cette pièce, on fera placer, à hauteur d'une table ordinaire, deux ou trois grandes cuvettes en fer battu, ayant un robinet d'écoulement à la partie inférieure ; ces cuvettes, de variables grandeurs selon l'importance du travail journalier, mais que nous avons fait établir de 80 cent. de largeur sur 1 m. 50 de longueur et 15 cent. de profondeur, doivent être alimentées à volonté par un robinet d'eau froide et un robinet d'eau chaude, pour servir au dépouillement de l'image.

On peut encore se servir, pour le même usage, d'une grande cuvette à rainures intérieures, en fer battu, un peu plus grande en tous sens que les glaces employées, ayant un cran d'arrêt pour que les plaques s'arrêtent à quelques centimètres du fond. Lorsque cette cuvette est remplie d'eau,

les glaces placées verticalement doivent être entièrement recouvertes.

L'une ou l'autre de ces cuvettes peuvent servir :
d'abord, pour l'immersion dans l'eau froide des
glaces collodionnées, quand on opère par double
transport sur glace, ainsi qu'il sera expliqué plus
loin, puis au dépouillement par l'eau chaude des
épreuves appliquées sur leur support provisoire,
lorsqu'on emploie pour cela le verre, la porcelaine
ou tout autre corps rigide.

Dans un atelier organisé pour faire un travail
important et suivi, le développement et le transfert devant se faire simultanément avec le tirage,
il est indispensable d'avoir toujours de l'eau
chaude, sinon en quantité considérable, du moins
d'une façon constante ; la question de chauffage a
donc son importance, c'est pourquoi nous allons
décrire un appareil commode et surtout économique pour avoir rapidement de l'eau à une température suffisamment élevée pour les besoins du
travail.

Cet appareil se compose d'un cylindre en fer
galvanisé d'environ 45 centimètres de hauteur sur
20 centimètres de diamètre, à l'intérieur duquel se
trouve une série de spirales en fil de cuivre que

l'on chauffe au moyen d'un fourneau à gaz qui se trouve placé à la partie inférieure ; l'eau qu'on verse dans ce cylindre par l'orifice supérieur s'infiltrant dans chacune des spirales, se transforme instantanément en vapeur, ce qui produit en peu d'instants une quantité relativement considérable d'eau chaude qui peut se renouveler continuellement.

On peut se rendre compte de l'économie que présente cet appareil, en calculant qu'il produit, avec un simple fourneau à gaz, environ 2 litres et demi d'eau par minute, à la température de 40° à 45° centigrades, ou 1 litre à 100°, ce qui est grandement suffisant comme quantité et comme chaleur pour le développement des épreuves au charbon dans les ateliers ordinaires ; le prix de revient est alors de 20 centimes environ pour chauffer 100 litres d'eau, au lieu de 1 fr. 50 cent. que cela coûterait en employant un autre récipient. Si une quantité d'eau plus considérable était nécessaire, on emploierait un appareil d'une plus grande dimension.

Pour faire fonctionner cet appareil il suffit d'ouvrir le robinet d'eau froide qui alimente le cylindre à sa partie supérieure, d'allumer le fourneau à gaz, et, *immédiatement*, l'eau chaude coule par le robinet inférieur, et cela aussi longtemps que le gaz reste allumé.

Outre les ateliers pour le tirage et le développement, il est important d'avoir une pièce appropriée spécialement pour le séchage des épreuves lorsqu'elles ont été transportées et montées pour conserver le grand brillant de l'émail. La meilleure disposition consiste à placer les glaces verticalement, les unes à côté des autres, sur des étagères étroites munies d'un rebord, et cela dans une pièce où on peut établir un courant d'air naturel ou artificiel; par les temps humides on complétera la dessiccation, s'il y a lieu, en chauffant la pièce graduellement soit avec un poêle, soit avec un calorifère.

Dans cette même pièce on aura également quelques cordes tendues, avec des pinces américaines pour suspendre les épreuves sur papier après le développement et le transport.

Quant aux ateliers pour la retouche, le coloris, le collage, le montage, etc., etc., des épreuves au charbon, il est superflu de dire qu'ils sont les mêmes que pour les épreuves aux sels d'argent.

Matériel spécial pour imprimer
au charbon.

Le matériel nécessaire pour produire des épreuves inaltérables par les sels de chrome, n'est pas aussi compliqué ni aussi dispendieux qu'on pourrait le supposer tout d'abord, lorsqu'on veut se borner à imprimer sans fabriquer soi-même le papier mixtionné ; la nomenclature ci-dessous pourra servir de guide à ceux qui ne sont pas familiarisés avec ce travail. Nous plaçons en première ligne :

Des châssis spéciaux pour le tirage à deux teintes avec inscriptions, si on le désire, en nombre proportionné au travail journalier.

Deux calibres en verre ou en zinc pour couper le papier au charbon.

Un photomètre à une ou à plusieurs teintes.

Un morceau de toile-caoutchoutée, 50 centimètres environ.

Quelques verres ou plaques de porcelaine pour

développement, en quantité proportionnée au travail journalier.

Quelques plaques de zinc grainées ou polies pour développement.

Du papier de support préparé à la stéarine ou à la gomme laque pour développement.

Du papier de transport à la gélatine insolubilisée et à l'albumine coagulée.

Du papier mixtionné de différentes teintes.

Du bichromate de potasse.

Un flacon d'une solution de cire et de résine dans la benzole.

Un flacon d'une solution de cire et de résine dans l'essence de térébenthine.

Un flacon de collodion normal.

De l'alun en cristaux.

Quelques cuvettes en zinc pour sensibiliser et pour développer les épreuves.

Un appareil pour chauffer l'eau avec un fourneau à gaz ou autre.

Un support en X pour faire sécher les glaces.

Quelques pinces américaines pour suspendre les épreuves développées sur papier.

Un ou plusieurs supports en lattes pour faire

sécher le papier au charbon après sa sensibilisa
tion.

Un thermomètre à bains.

Deux raclettes en bois et caoutchouc.

Des tubes de couleur pour la retouche.

CHAPITRE II

Sensibilisation du papier au charbon.

La première opération consiste à sensibiliser le papier mixtionné, *en l'immergeant* complétement, *pendant* 1 1/2 *à* 3 *minutes*, selon la température, dans un bain de bichromate de potasse, à 2 % en été et 3 % en hiver, additionné, si le bichromate est acide, d'une à deux gouttes d'ammoniaque pour chaque cent centimètres cubes de solution, ou demi-centimètre cube d'une solution concentrée de carbonate de soude.

Comme l'ammoniaque et le carbonate de soude ont la propriété de rendre la gélatine bichromatée moins sensible à la lumière, on évitera, autant que possible, de les employer pendant l'hiver, surtout si le papier au charbon est très-soluble, à moins qu'on n'ait à imprimer sur des clichés très-faibles.

Pour éviter les bulles d'air, qui produiraient des globules blancs sur l'image, il est bon de remuer le liquide constamment, et même de frotter la surface de chaque feuille mixtionnée avec un blaireau plat, afin de faciliter l'assimilation par le dégraissage ; on pourra même les retourner deux ou trois fois, mais en replaçant chaque fois le côté mixtionné en dessous.

Au sortir de ce bain, chaque feuille est abandonnée au séchage, pendant douze heures environ, dans une chambre aérée autant que possible, mais éclairée seulement par des verres jaunes ; cette pièce doit être maintenue à une température moyenne et exempte d'humidité.

On peut donc sensibiliser dans la soirée le papier destiné au travail du lendemain.

Chaque feuille, en sortant du bain sensibilisateur, est posée à plat, le côté mixtionné en dessus, sur un dos d'âne à claire-voie, d'un diamètre de 25 cent. environ, fait en lattes minces, arrondies, clouées sur une sorte de tambour en bois blanc et recouvert de plusieurs doubles de papier buvard, ou sur des demi-ronds de 10 à 15 centim.

de diamètre et de 80 centim. de longueur, fixés
par bout à la muraille au moyen de petites équer-
res en fer qui maintiennent la rigidité de ces
supports dans une position horizontale; ces supports sont, au préalable, recouverts de carton ou
de papier buvard, comme il est dit pour le dos
d'âne à claire-voie, qui, lui, peut servir d'appui
provisoire, jusqu'à ce que le papier soit égoutté.

Après dessiccation complète, qui peut être
activée, en dernier lieu, par une température plus
élevée, *sans cependant que le feu agisse directement,*
ce papier est prêt à recevoir l'impression.

Le séchage du papier au charbon, lorsqu'il est
sensibilisé, a une grande influence sur le résultat
final; ainsi, il est plus sensible lorsqu'il a été
séché lentement, mais aussi il est moins soluble
au développement que lorsque la dessiccation
s'est faite promptement. L'adhérence au support
est également moins facile dans le premier cas
que dans le second; il est donc important que
cette opération se fasse dans de bonnes conditions de température et d'aération.

On doit éviter, autant que possible, le séchage
par le gaz, qui agit comme insolubilisateur sur la
gélatine bichromatée. Le voisinage des égouts et

des cabinets d'aisances, lorsque les émanations d'hydrogène sulfuré pénètrent dans la couche de gélatine bichromatée, alors qu'elle est humide, produit le même effet que le gaz carboné.

Lorsque le temps est beau et sec, une nuit suffit grandement pour sécher le papier au charbon dans d'excellentes conditions; mais, en hiver, lorsque l'air est humide, le meilleur système de chauffage à établir dans la pièce qui sert au séchage du papier mixtionné est un calorifère dans lequel on ne brûle que du coke; encore est-il préférable que le tuyau seul passe dans la pièce où se trouve le papier sensible.

Comme les papiers préparés aux sels de chrome ont une sensibilité beaucoup plus grande que ceux préparés au chlorure d'argent, le temps d'exposition doit être réduit dans la même proportion. Mais, pour avoir un tirage régulier, il faut que chaque feuille séjourne le même temps dans le bain sensibilisateur; on aura donc soin d'employer un compteur ou un sablier divisé en demi-minutes.

Le papier au charbon est d'autant moins sensible et moins soluble qu'il a été préparé depuis plus longtemps; il perd même toute solubilité après quatre ou cinq jours de préparation, surtout lorsqu'il reste à l'air libre ; ce papier conserve sa sensibilité plus longtemps lorsque la température est sèche et surtout lorsqu'il est enfermé hermétiquement dans une boîte où l'air ne peut pas pénétrer.

Il est à remarquer que la mixtion colorée avec de l'encre de Chine seule, conserve sa sensibilité beaucoup plus longtemps que celle qui contient du carmin ou autre couleur analogue. L'expérience aura bien vite fixé l'opérateur sur tous ces petits détails, qui semblent compliqués au début, mais auxquels on se familiarise facilement.

Certains papiers mixtionnés sont plus sensibles que d'autres, selon le mode de fabrication, la qualité de la gélatine employée, la couleur incorporée, etc., etc.

Règle générale, le papier très-soluble est moins sensible à la lumière que celui qui est peu soluble, mais le développement est plus facile et plus régulier, l'image est également plus pure et plus nette qu'avec un papier peu soluble, qui laisse presque toujours, après le développement, des inégalités de teintes et souvent des parties insolubles qui gâtent l'épreuve.

Plus le bain de bichromate est fort, et plus

grande est la sensibilité ; mais il y a des inconvénients à employer un bain sensibilisateur trop riche en bichromate lorsque la température est élevée ; il en est de même lorsque le papier mixtionné séjourne trop longtemps dans ce bain.

La solution doit être assez abondante pour que le papier soit largement immergé ; il faut donc que le fond de la cuvette soit recouvert d'au moins 3 ou 4 centim. de liquide.

Le temps d'immersion indiqué plus haut n'est pas absolu, car il dépend beaucoup de la température de l'eau et de l'état plus ou moins *corné* du papier mixtionné ; mais il est facile, au toucher, de sentir lorsqu'il est assez souple et flexible pour le retirer du bain.

Par une température moyenne, on emploiera de préférence un bain sensibilisateur riche en bichromate pour les clichés durs, afin d'obtenir des épreuves harmonieuses ; avec des clichés doux, au contraire, un bain faible, additionné d'ammoniaque ou de carbonate de soude en solution, donnera plus d'oppositions, surtout si le papier mixtionné est fortement coloré ; on pourra donc avoir deux bains sensibilisateurs à différents titres pour préparer le papier qui convient le mieux aux clichés, selon leur intensité.

Le bain de bichromate sera filtré avant de s'en servir, et on placera une baguette en verre rond sur le devant de la cuvette qui sert à sensibiliser le papier au charbon, afin d'enlever régulièrement l'excès du liquide qui est à la surface; lorsqu'on retirera la feuille, en faisant glisser le côté gélatiné sur cette baguette avant de la placer sur son séchoir, elle devra se trouver face en dessus.

Le bain de bichromate de potasse doit être changé tous les deux ou trois jours, et être tenu dans un endroit frais, surtout en été, car, si la température du bain sensibilisateur était trop élevée, ou que ce bain fût trop fort, ou encore si le papier y séjournait trop longtemps, surtout pendant les chaleurs, l'image serait couverte, après le développement, d'une myriade de petites rides brisées. Ce phénomène se manifeste d'autant plus que la gélatine est soluble et qu'elle a été plus ramollie pendant la sensibilisation.

Dans les pays chauds, le succès dépend donc en grande partie de la température de la pièce où se fait la sensibilisation, et aussi du bain sensibilisateur, qu'on devra au besoin rafraîchir avec de la glace, pour qu'il ne soit jamais à plus de 10 degrés centigrades au-dessus de zéro.

Dans certains cas, lorsque la chaleur est extrême, on peut employer un bain de bichromate à 10 %, sans ammoniaque, dans lequel on laisse le papier au charbon pendant 20 ou 30 secondes seulement, après quoi on le retire pour le placer, face en dessous, sur une glace propre ; on donne un coup de raclette au dos, pour exprimer le liquide, puis on détache du verre, pour mettre à sécher comme à l'ordinaire. Si, après dessiccation, la couche sensible était collante, on la couvrirait d'une couche de collodion normal très-fluide, avant de mettre le papier en contact avec le cliché.

Impression des images.

Les nouveaux châssis pour l'impression des épreuves au charbon, à deux teintes, sont construits de telle façon, que, sans voir la position de l'image, l'encadrement à teinte plus ou moins foncée, avec inscription en blanc si on le désire, se trouve mécaniquement répéré, sans aucune attention de la part du tireur; il suffit de couper le papier au charbon parfaitement d'équerre, à la grandeur déterminée, au moyen d'une machine spéciale ou d'un calibre en verre ou en zinc, comme cela se pratique pour les photographies ordinaires, avec cette différence que le côté noir mixtionné est placé face en dessous sur une grande glace propre, et qu'on coupe avec une pointe ou un canif, en appuyant le calibre sur le dos du papier sensible.

Pour éviter les taches, il est important que la personne chargée de ce travail ait, aux mains, des gants de fil, afin que les doigts nus ne touchent jamais le côté sensible du papier, surtout lors-qu'ils sont en transpiration; la même recomman-dation s'adresse au tireur qui charge et décharge les châssis. Cette opération, du reste très-simple, ne demande qu'un peu d'attention, pour que le papier mixtionné, qui est coupé d'équerre, touche le haut et le côté gauche du compartiment où est placé le cliché, si l'ombre portée doit être à droite, *et vice versá;* chacune des cases étant garnie, les volets rabattus, la planchette à ressort fermée, il ne reste plus qu'à imprimer.

Avant d'effectuer le tirage complet de la journée,

3*

il est bon de faire une épreuve d'essai pour s'assurer de la sensibilité du papier préparé; on prend, pour cela, un cliché de force moyenne sur lequel on imprime une ou deux épreuves au juger, et on note le numéro ou le nombre de teintes du photomètre qui donne le meilleur résultat; il est alors facile de comparer la densité relative des autres clichés et d'imprimer sûrement.

Il est à remarquer que le papier mixtionné bichromaté s'impressionne relativement moins vite, comparé au papier albuminé, vers la fin de la journée, c'est-à-dire lorsque le soleil est sur son déclin, que le matin ou au milieu de la journée, en raison de la force de pénétration qui agit plus activement sur le papier au chlorure d'argent que sur la gélatine sensible lorsque l'actinisme est moindre. Nous poserons donc pour exemple qu'un cliché ayant donné une épreuve largement imprimée à quatre teintes, à dix heures du matin, exigera cinq et même six teintes à quatre heures du soir, pour former une image de même valeur. On devra donc tenir compte de ce phénomène, dont l'action est encore augmentée par l'insolubilité toujours croissante de la gélatine qui a subi l'insolation depuis un temps plus long.

Lorsqu'on veut obtenir des images à deux teintes avec inscriptions, comme cela a lieu pour les cartes de visite et les cartes-album, il faut avoir le soin, avant de retirer du châssis le papier impressionné, de marquer au dos le haut de l'épreuve, afin de ne pas faire d'erreur, car on doit se rappeler que l'image n'est pas visible.

Une précaution également bonne à prendre est de mettre ensemble dans des compartiments à part chacune des épreuves du même cliché, afin de les développer ensemble autant que possible, pour obtenir une plus grande régularité dans le travail.

Lorsque toutes les images, dont le tour a été préservé de la lumière, sont imprimées, pour obtenir la teinte plus ou moins foncée qui doit former encadrement avec nom, adresse, etc., etc., on place de nouveau tous les morceaux de papier impressionnés dans un autre châssis *teinteur*, en ayant toujours soin que les bords de ce papier touchent le haut et le côté gauche ou droit du compartiment, selon que dans le châssis imprimeur on a maintenu le papier à droite ou à gauche; les volets sont rabattus, la planchette à ressort fermée, comme pour les châssis à imprimer, et on expose beaucoup moins longtemps alors que pour l'image, car la lumière n'a à traverser qu'une pellicule translucide ou un verre nu sur lequel l'inscription est imprimée ou vitrifiée, ce qui fait qu'elle pénètre plus facilement.

Si on voulait imprimer de grandes épreuves avec encadrement teinté, on placerait le cliché dans un châssis ordinaire avec un cache en papier noir de la forme désirée, en ayant soin que l'un des côtés et la partie supérieure ou inférieure de ce cache touchent les parois du châssis pendant que l'image du cliché occupe le milieu de l'ouverture ; d'autre part, on aurait un verre ordinaire de la dimension exacte du cache, sur lequel on aurait eu soin de coller l'intérieur du masque qui devra alors correspondre avec l'ouverture lorsqu'ils sont superposés ; l'image étant imprimée, il suffira pour teinter les bords, de retirer le papier au charbon du châssis, de le poser à plat sur une planchette, face en dessus, et de le recouvrir du verre portant au centre le masque destiné à préserver l'image pendant l'exposition à la lumière, comme cela se fait habituellement pour les images aux sels d'argent.

Quel que soit le châssis que l'on emploie, on

devra s'assurer que le coussin en papier buvard ou en feutre est bien sec ; car, s'il en était autrement, l'humidité pourrait se communiquer au papier mixtionné qui, en se ramollissant, se collerait au cliché et le détruirait.

Les clichés qui doivent être tirés en plein dans les châssis ordinaires, seront bordés tout autour avec une bande de papier noir ou jaune d'environ un centimètre de largeur, et collée avec de la gomme. Cette opération *indispensable* a pour but de préserver de l'insolation les bords du papier au charbon qui, sans cela, n'adhéreraient pas au support, ce qui amènerait inévitablement des soulèvements de la pellicule lors du développement de l'image dans l'eau chaude ; cette précaution est inutile quand on se sert des châssis décrits plus haut, car, par leur construction, ils préservent naturellement de la lumière les bords du papier mixtionné tout autour de l'image, ce qui lui conserve sa solubilité pour adhérer au subjectile temporaire ou définitif, ainsi qu'il sera expliqué plus loin.

Si on était obligé de tirer en plein soleil, il faudrait pousser l'impression au photomètre un peu plus loin que lorsqu'on imprime à la lumière diffuse, qui est dans tous les cas préférable.

Contrairement à l'opinion émise par quelques auteurs, les clichés durs ne donnent pas d'aussi bons résultats que les négatifs de vigueur moyenne ; on fera bien cependant, pour le tirage au charbon, d'employer des négatifs plus soutenus que s'ils devaient être imprimés par les sels d'argent, afin d'avoir des images brillantes et bien détaillées, car, s'ils étaient trop faibles, l'épreuve serait grise et plate. On peut néanmoins modifier dans une certaine mesure la valeur des images provenant de clichés trop durs ou trop faibles, en employant un bain sensibilisateur plus ou moins fort, ainsi qu'il a été dit précédemment, et un papier au charbon plus ou moins soluble et plus ou moins chargé de matières colorantes.

On obtiendra également beaucoup d'harmonie et de douceur en exposant le papier au charbon à la lumière pendant une ou deux secondes avant ou après son insolation sous le cliché, lorsque celui-ci est dur et heurté ; il ne faudrait pas cependant prolonger trop longtemps cette exposition, car alors la gélatine bichromatée deviendrait complétement insoluble et ne pourrait plus se dissoudre lors du développement.

Lorsque la lumière n'a pas permis de donner à l'image une exposition suffisante, on peut attendre jusqu'au lendemain pour la développer, non pas parce que l'impression se continue, comme le croient beaucoup de praticiens, mais parce que la gélatine, devenant de moins en moins soluble, retient plus de matières colorantes, et par suite préserve mieux les demi-teintes lors du développement à l'eau chaude. Il ne faudrait pas, cependant, attendre trop longtemps, car alors la gélatine, devenant trop insoluble, laisserait, après le développement, des marbrures et inégalités qui nuiraient à la pureté de l'image.

Pendant les temps humides, comme le papier au charbon est plus sensible que par une température sèche, l'exposition doit être moindre; mais il faut toujours que le papier soit parfaitement sec avant de le mettre en contact avec le cliché, car s'il en était autrement il se collerait au cliché, qui serait alors perdu. Par contre, certains papiers mixtionnés, contenant peu de sucre, s'étendent difficilement lorsque le temps est sec, et, pour cette raison, n'adhèrent pas complétement au cliché, ce qui produit des images partiellement *floues*; il est bon, pour éviter cet inconvénient, de mettre ce papier en presse pendant quelques minutes avant de l'employer pour qu'il prenne une planimétrie parfaite; on pourrait, au besoin, le placer pendant quelques instant dans un endroit frais, mais toujours à l'abri de la lumière.

Le temps d'exposition varie donc en raison de l'actinisme de la lumière et de la préparation du papier au charbon ; mais, comme on ne peut pas suivre la venue de l'image, ainsi que cela se pratique avec les sels d'argent, il est indispensable, pour produire un travail régulier et sûr, d'employer un bon photomètre.

Le Photomètre.

Plusieurs de ces instruments ont été construits; il y en a de plus ou moins compliqués ; le plus simple, selon nous, est le meilleur ; il se compose d'une petite boîte en ferblanc verni, de trois centimètres cubes environ, dont le couvercle est garni d'une glace peinte en brun, de quatre nuances différentes, se rapprochant le plus possible de la couleur que prend le papier au chlorure d'argent lorsqu'il reçoit progressivement l'action de la lumière.

Au milieu de cette glace se trouve ménagée une partie longue et étroite où la glace reste à nu et transparente.

Une bande de papier sensible, au nitrate d'argent et à l'acide citrique, est placée dans l'intérieur de la boîte, et est maintenue en contact avec la glace par un coussin en drap sur lequel elle glisse à volonté.

La lumière, agissant sur ce papier, l'amène graduellement à la nuance la plus foncée qui est peinte sur le verre devant servir de point de comparaison; il suffit alors, pour avoir des épreuves de même valeur, de déterminer le nombre de teintes, toutes semblables, qu'il faut imprimer pendant l'exposition d'un cliché, pour que chaque image soit identique, si on a employé le même papier sensible.

La teinte la plus foncée est considérée comme *teinte entière*, les autres servent à la diviser au besoin en 1/4, 1/2 et 3/4 de teinte.

La moyenne des bons clichés nécessite environ deux à trois teintes entières pour donner une impression complète au charbon ; l'encadrement, lorsqu'on se sert pour cela de verres transparents, s'imprime en un quart de teinte seulement.

Aussitôt que le papier sensible placé dans le photomètre a atteint la nuance exacte de la teinte entière marquée sur le verre, il suffit de le tirer de quelques millimètres pour faire apparaître une nouvelle surface blanche, qui ne tarde pas à prendre à son tour la nuance de la première, et cela avec d'autant plus de rapidité, que la lumière est plus actinique.

On peut facilement contrôler le nombre de teintes imprimées, en soulevant le couvercle du photomètre sous lequel glisse le papier sensible.

Opérations préliminaires pour le développement par double transfert.

L'image imprimée par les sels de chrome est aussi invisible sur la couche de gélatine colorée qui compose le papier mixtionné devenu partiellement insoluble sous l'action de la lumière, que celle qui se trouve sur une glace iodurée, lorsqu'on la rentre dans le laboratoire pour la développer après la pose.

Il y a plusieurs moyens de développer les épreuves au charbon, mais comme l'image ne peut conserver toute la finesse et les demi-teintes que donne le cliché qu'autant qu'on élimine par l'eau chaude la gélatine colorée non insolubilisée par la lumière, en agissant du côté opposé à celui qui a reçu l'impression, il faut appliquer d'abord la surface insolée sur un support provisoire, qui retienne et préserve l'image pendant le dépouillement qui se fait du côté opposé ; et, comme cette image serait alors retournée, il faut avoir recours à un second transport définitif pour la redresser, à moins qu'on ne se serve de clichés pelliculaires ou retournés, comme il sera expliqué plus loin, auquel cas l'image imprimée par l'envers du négatif peut être développée sur le support définitif, car elle se trouve redressée naturellement.

Nous expliquerons plus loin les avantages et les inconvénients de cette méthode, au chapitre du développement par transfert simple.

On peut employer comme support provisoire,

le papier caoutchouté, ou enduit de stéarine, de gomme laque, etc., etc. ; le papier albuminé, le mica, la porcelaine, le cuivre, le zinc, le verre, etc., etc. C'est de ce dernier subjectile dont nous nous occuperons plus spécialement pour les images de petites dimensions, telles que la carte et la carte-album que l'on veut produire d'emblée avec le brillant de l'émail.

Il est à remarquer, néanmoins, que les épreuves développées sur papier sont plus fines, plus modelées, et conservent plus de demi-teintes que celles qui ont été appliquées sur une surface rigide, qui ne permet pas toujours une adhérence aussi parfaite, à cause du relief de la gélatine qui forme l'image, mais elles ne sont pas susceptibles de conserver le grand brillant que l'on obtient par un développement sur glace collodionnée.

Dans tous les cas, le développement sur papier stéariné ou à la gomme laque est de beaucoup préférable à celui qui se fait sur zinc grainé ou sur verre dépoli, pour les images de dimensions moyennes qui doivent rester mates.

Préparation des glaces de support pour les épreuves émaillées.

Des glaces ou des verres exempts de bouillons, autant que possible (1), sont nettoyés comme pour le travail ordinaire des clichés ; après quoi, on frotte un côté de cette glace avec un tampon de papier joseph, imprégné de la solution suivante :

    Benzole pure................   1 litre.
    Cire jaune à frotter..........   10 grammes.
    Résine en poudre........ de 1 à 2   »

en ayant soin que toute la surface en soit bien couverte ; aussitôt que la benzole est évaporée, ce qui nécessite quelques secondes, on enlève l'excès de la cire en frottant vivement avec un tampon de flanelle, jusqu'à ce que la glace reprenne son aspect brillant, c'est-à-dire qu'elle ne conserve aucune raie ou marque de corps gras,

(1) Les verres opales ou les plaques de porcelaine sont préférables à tous les points de vue, parce que, lors du développement, on peut suivre avec plus de sûreté le dépouillement de l'image et l'amener à sa valeur exacte ; seulement le prix en est beaucoup plus élevé.

4*

mais en ayant soin cependant de ne pas mettre la glace entièrement à nu. Comme l'image conserve l'empreinte exacte du support sur lequel elle a été développée, elle sera d'autant plus pure et brillante que la glace est plus propre et cirée plus également, donc toute raie ou agglomération de cire non frottée fera tache sur l'épreuve.

Lorsqu'il fait froid il arrive fréquemment que la cire se fige promptement en laissant un semis de petits points opaques qui produisent sur l'image une foule de taches brillantes dont l'effet est désagréable à l'œil.

Cette opération peut se faire à l'avance et sur une grande quantité de glaces, mais il faut avoir soin de marquer le côté non préparé avec un pinceau trempé dans du rouge à l'eau, car il serait ensuite difficile de le reconnaître.

Le nettoyage et le cirage des glaces doivent être faits avec le plus grand soin, car il pourrait résulter les accidents suivants :

La glace mal nettoyée laisserait sur l'image, lorsqu'on la détache, des marques indélébiles qui en détruiraient toute la valeur.

Le nettoyage se fait, comme pour les glaces ordinaires, avec du tripoli fin et de l'alcool ; mais, quand elles ont servi, il est bon de les laver d'abord à l'eau chaude pour enlever la gélatine qui reste adhérente, puis de les laisser pendant quelques minutes dans l'acide nitrique ou dans un bain composé d'ammoniaque, d'essence de térébenthine et d'eau, et de les rincer ensuite.

Si l'excès de cire n'était pas convenablement enlevé, l'image n'adhérerait pas à la glace et se détacherait d'elle-même avant dessiccation complète; elle manquerait alors de brillant. Il en serait de même si on employait de la cire frelatée dans laquelle il entre le plus souvent de l'axonge ou autres corps gras solubles à basse température; dans ce cas, l'addition d'une petite quantité de résine à la dissolution la rend plus tenace; si, au contraire, il ne restait pas assez de cire, ou qu'il en manquât dans certaines parties, il serait impossible de détacher l'image du verre lorsqu'elle serait sèche.

Pour les images dites *émaillées*, qui devront être montées pendant qu'elles sont encore sur le support, il est important d'albuminer le bord des glaces avec un pinceau *avant* de les collodionner, afin d'éviter le décollement trop prompt de l'épreuve, surtout lorsqu'elle est de grande dimension. Dans

certains cas, on pourra même, par excès de précaution, faire, avec la pointe d'un canif, une raie
tout autour de la glace à un centimètre en dedans
du bord extérieur, avant l'application du papier
de transport; de cette façon, la glace se trouvant
à nu retiendra beaucoup mieux le papier gélatiné
qui doit servir de support définitif à l'épreuve.

Quelques instants seulement avant le développement, on verse sur chaque glace cirée et frottée,
que l'on veut employer, une couche de collodion
normal composé de :

> Ether sulfurique. . . . .   500 c. c.
> Alcool à 40° . . . .   500 c. c.
> Coton azotique. . . . . de 10 à 12 grammes.

auquel on peut ajouter quelques gouttes d'une
teinture alcoolique bleue ou rouge d'aniline; mais
comme cette couleur s'altère très-facilement à la
lumière, il est préférable d'employer un papier de
transport légèrement coloré, comme nous l'indiquerons plus loin, selon l'effet que l'on veut obtenir, car alors cette couleur sera permanente
comme l'image elle-même.

Le collodion préparé trop fraîchement n'étant
pas assez adhérent à la glace, il arrive parfois que

la couche se déchire lors du développement en détruisant l'image, il est donc bon de le préparer plusieurs jours avant de l'employer.

Après évaporation de l'éther, ce qui a lieu en 2 ou 3 minutes, on plonge les glaces dans une cuvette remplie d'eau fraîche, où elles peuvent séjourner sans inconvénient jusqu'au moment où on veut les employer (1).

L'immersion trop prompte dans l'eau, de la glace collodionnée, c'est-à-dire avant que l'éther soit suffisamment évaporé, amène presque toujours le déchirement de la couche lors du développement de l'image ; lorsqu'au contraire le collodion est immergé trop sec, le papier mixtionné adhère mal et l'image peut glisser. On doit donc apporter tous ses soins à cette opération aussi bien qu'à toutes celles indiquées précédemment.

(1) Comme ces glaces ainsi collodionnées peuvent se conserver très-longtemps, le meilleur moyen de les garder est de les placer verticalement dans une cuvette à rainure, remplie d'eau fraîche et propre, dont nous avons donné la description dans un précédent chapitre.

Application du papier insolé sur le support temporaire.

Partant de ce principe, indiqué par Davies et Johnson, que le papier mixtionné et insolé, plongé pendant une minute seulement dans l'eau froide et appliqué sur une surface imperméable à l'eau, adhère à cette surface sans le secours d'aucune matière collante, mais seulement par succion ou adhérence atmosphérique, lorsqu'on a eu soin d'expulser les bulles d'air; le travail préparatoire pour le développement se fait ainsi qu'il suit :

Dans une cuvette remplie d'eau fraîche, on place successivement chaque série d'épreuves que l'on veut développer sur une glace, 2, 4, 8, 12, etc., selon sa dimension, pendant que le papier s'imprègne d'eau, ce qui nécessite une minute environ; on retire de la première cuvette une glace collodionnée *et bien dégraissée*, que l'on pose à plat sur une planchette solide, à portée de la main; on enlève alors de l'eau chacune des épreuves que l'on place, les unes à côté des autres, sur la glace collodionnée, le côté mixtionné en contact avec le collodion imprégné d'eau ; puis on pose sur le tout une feuille de toile caoutchoutée qui sert à maintenir les épreuves à leur place et à préserver le collodion de toute écorchure, et l'on frotte vigoureusement, avec une raclette, de bas en haut et de haut en bas, pour faciliter l'adhérence et chasser les bulles d'air ; dans le cas où on verrait, par réflexion, des points brillants, on détacherait sans hésiter la pellicule pour recommencer l'opération.

Chaque glace préparée de la même façon est superposée à la première, jusqu'à ce que le travail complet de la journée soit terminé ; après quoi, on procède au dépouillement de l'image, ainsi qu'il sera expliqué plus loin.

Comme le papier bichromaté et insolé perd sa sensibilité aussitôt qu'il est plongé dans l'eau froide, l'opération peut se faire en pleine lumière.

Par les grandes chaleurs, nous recommandons de rafraîchir, avec de la glace, l'eau dans laquelle on plonge le papier mixtionné avant son application sur son support.

Le papier au charbon ne doit rester dans l'eau que juste le temps nécessaire pour se distendre, c'est-à-dire une ou deux minutes, avant son application sur la glace, selon qu'il est plus ou moins sec ; car, si après avoir repris sa planimétrie, il se recoquevillait, la gélatine en dessus, il deviendrait impossible de le faire adhérer, à moins d'employer le papier caoutchouté comme support ; il est même préférable, lorsqu'on a plusieurs épreuves à appliquer sur le même support, de retirer le papier avant son entière saturation, car il continue à absorber l'eau pendant l'opération. Il y a donc là un tour de main et une habitude à prendre pour arriver à une réussite parfaite.

Dans certains cas, lorsque l'insolation a été beaucoup trop prolongée et que, par ce fait, la gélatine est devenue complétement insoluble, le papier mixtionné refuse également d'adhérer au support ; il faut alors le mettre en presse ou le rejeter, car l'image serait certainement trop foncée.

Si le support provisoire, au lieu d'être du verre, de la porcelaine ou autre surface rigide, était, au contraire, un support flexible, mais *imperméable*, comme le papier albuminé recouvert d'une couche de gomme laque ou autre corps résineux ou stéariné, on frotterait la surface entière de ce papier avec un tampon de flanelle imbibé d'une solution de résine et de cire dissoutes dans l'essence de térébenthine, à la proportion et de la manière qui sera indiquée pour la préparation des plaques de zinc ou de cuivre, et on plongerait en même temps, face à face dans une cuvette d'eau froide, le papier au charbon insolé avec le support flexible coupé de même dimension ; après une minute d'immersion, on enlèverait les deux papiers mis en contact sous l'eau, pour les poser à plat sur une planchette, et on compléterait l'adhérence en frottant vigoureusement et en tous sens le dos du papier mixtionné avec la raclette en caoutchouc ; on placerait alors chaque double entre du papier buvard, sous pression pendant une demi-heure environ, puis on développerait, comme il sera expliqué plus loin.

L'application du papier mixtionné sur le support flexible, temporaire ou permanent, peut également se faire de la même façon que sur le support rigide, mais il faut alors laisser tremper ce support pendant quelques instants dans l'eau froide pour qu'il se distende aussi complétement que possible ; on le pose ensuite à plat sur une planchette ou sur une glace, le côté imperméable en dessus, et on projette de l'eau de façon à ce que cette surface, qui repousse le liquide, en conserve assez néanmoins pour que le papier au charbon baigne partout lorsqu'on l'applique sur le support; on chasse l'eau et les bulles d'air avec la raclette et on met sous presse.

Le développement sur un support flexible dispense de collodionner, mais il faut frotter ce support avec la solution de térébenthine résineuse toutes les fois qu'on s'en est servi, pour faciliter le détachement de l'image lors du double transport.

La composition du papier de support servant au développement est si simple, que tout le monde pourra le fabriquer, sans inconvénient pour l'emploi journalier, d'autant plus qu'il ne peut guère servir que trois ou quatre fois.

Il suffira de placer, dans un ballon en verre, 75 gram. de stéarine concassée avec 500 centim. cubes d'alcool à 36 degrés, et de faire dissoudre au bain-marie; on ajoute ensuite à cette solution 10 à 12 gram. de résine rouge en poudre, puis on filtre sur une cuvette en porcelaine ou en tôle émaillée placée sur un vase d'eau chaude, pour que la solution se maintienne tiède pendant l'opération. On plonge alors dans ce liquide, pendant quelques secondes, des feuilles de papier très-forts et bien encollés, recouvertes d'un côté, au préalable, d'une couche d'albumine neutre coagulée par l'alcool ou par la vapeur d'eau, puis on les suspend pour sécher; le côté de l'albumine, étant alors frotté avec un tampon de flanelle imbibé de térébenthine résineuse, comme il a été dit, est prêt à recevoir le papier mixtionné pour le développement.

La stéarine peut être remplacée avantageusement par de la gomme laque blanche additionnée de borax dissous dans l'alcool, dont on fait un vernis imperméable pour la préparation du papier de support.

On trouve dans le commerce du papier de ce genre très-bien fabriqué, à un prix modéré, ce qui dispense de le faire chez soi lorsqu'on n'est pas organisé pour exécuter ce travail en grande quantité.

Opération par simple transfert.

Lorsqu'on emploie des clichés pelliculaires ou retournés, qui permettent d'imprimer par le côté opposé au collodion, on peut éviter le double transfert ; dans ce cas, l'opération est grandement simplifiée.

Il suffit alors d'appliquer *sous l'eau* la feuille de papier au charbon portant l'image contre une autre feuille de papier un peu plus grande en tous sens, enduite, d'un côté, d'une couche mince de gélatine *insoluble* ou d'albumine *neutre coagulée;* aussitôt que le papier mixtionné a repris sa planimétrie, on enlève ensemble les deux feuilles mises en contact, on les pose à plat sur une planchette ou sur une glace, on place sur le tout un morceau de toile caoutchoutée et on frotte en tous sens, avec la raclette, pour chasser l'eau et les bulles d'air qui pourraient se trouver entre les deux papiers, absolument comme il a été expliqué lorsqu'on emploie la glace ou le support flexible ; on suspend pour sécher, puis on procède au développement de l'image, qui, dans ce cas, se trouvera dans son vrai sens et, en même temps, fixée sur son support définitif.

Le meilleur papier, pour ce genre de travail, est celui que nous indiquons plus loin sous le nom de papier de transport gélatiné, dont nous donnons la composition, mais on aura soin de le rendre complétement insoluble, en le plongeant, pendant quelques minutes, dans un bain d'alun à 7 %. Le papier albuminé donne à l'image un peu plus de brillant, mais elle est susceptible de jaunir plus vite que celle qui a pour support du papier gélatiné.

Les images développées sur support flexible ou sur papier gélatiné-aluné sont moins brillantes que celles qui ont été appliquées sur glace polie, mais elles sont moins mates et plus transparentes, dans les ombres, que les épreuves développées sur zinc grainé, sur cuivre ou même sur verre dépoli qui, elles, ont l'aspect froid des épreuves au sel d'argent imprimées sur papier salé.

Nous indiquerons plus loin le moyen de donner à ces images le brillant du papier albuminé, et même celui de l'émail; néanmoins, pour les images de petites dimensions, le développement par double transfert sur glaces polies, cirées et collodionnées, est celui qui donne les résultats les plus satisfaisants.

Préparation des plaques de cuivre ou de zinc pour le développement des grandes épreuves mates.

Les plaques de cuivre ou de zinc, dont on se sert pour le développement des images au charbon, sont polies ou *grainées;* elles ressemblent, dans ce dernier cas, au verre dépoli, qui est préférable pour les épreuves mates de dimensions moyennes.

Le développement sur plaque métallique, qu'on a beaucoup préconisé, ne donne pas néanmoins autant de finesse dans les demi-teintes et de transparence dans les ombres que celui qui se fait sur papier imperméable, et l'aspect des images, sur ces surfaces rigides, est toujours plus froid, plus sec, et, en un mot, moins artistique que celles développées sur un support flexible, soit provisoire, soit définitif.

Lorsque ces plaques ont déjà servi, il faut les laver à l'eau chaude, et quelquefois même les frotter avec de la pierre ponce très-fine, de façon enlever toute impureté; on termine par un bon

lavage à l'eau propre ; puis, lorsqu'elles sont
sèches, on frotte la surface grainée avec un tampon
de flanelle imbibé d'une solution composée de :

Essence de térébenthine....... 500 c. c.
Résine en poudre.............. 20 grammes.
Cire jaune.................... 5   »

lorsque l'essence de térébenthine est évaporée on
essuie avec un autre tampon de flanelle sèche ;
ces plaques sont alors prêtes à recevoir les
épreuves, comme il a été expliqué pour les autres
subjectiles.

S'il restait des traces de gélatine sur la plaque,
il serait facile de la nettoyer en employant un
mélange d'ammoniaque et d'essence de térébenthine.

La préparation des plaques métalliques est
aussi importante que celle des glaces, car, si elle
a été mal faite, l'image n'adhère pas ou ne peut pas
être détachée lorsqu'elle est sèche ; de plus, comme
l'image prend l'empreinte exacte du support sur
lequel elle a été développée, si la surface de la
plaque est sale ou rayée, ces défauts se trouveront inévitablement reportés sur l'épreuve ; si, au
contraire, le support est poli et exempt de toute

impureté, l'image se détachera pure et fraîche sur toute sa surface ; il faut donc observer avec le plus grand soin que la solution résineuse soit toujours dans la proportion indiquée plus haut, et que son application sur la plaque soit bien faite, car le succès dépend très-souvent de la bonne préparation des plaques de support.

Comme nous avons expliqué précédemment la manière dont on doit appliquer le papier insolé sur un support temporaire, qu'il soit flexible comme le papier, ou rigide comme le verre, la porcelaine, le cuivre ou le zinc, nous renverrons nos lecteurs à cette description qui est la même pour toutes les opérations, et nous passerons au

Dépouillement de l'image par l'eau chaude.

Cette partie de l'opération est celle qui demande le plus d'habitude pour bien juger de la valeur de l'image, dont on peut cependant modifier l'intensité si on la dépouille convenablement.

Si l'on se sert de cuvette verticale pour le dépouillement, l'eau est chauffée jusqu'à ce que le liquide ait atteint la température de 30 à 35° centigrades environ, les glaces sont placées verticalement dans chacune des rainures ; en peu d'instants le papier se détache en tombant au fond de la cuvette, et laisse l'image transparente sur la glace ; il suffit alors, pour activer et compléter le dépouillement, de projeter de l'eau chaude sur l'image, avec la main, jusqu'à ce que l'excès des poudres soit complétement éliminé ; puis on termine par une immersion, pendant une minute, dans un bain d'alun de 2 à 3 % qui doit être suivi d'un dernier lavage très-abondant sous un robinet d'eau froide. L'image est ensuite abandonnée à la dessiccation sur un porte-glace que l'on place, autant que possible, dans un courant d'air chaud, en évitant cependant de la mettre près du feu, car alors elle se fendillerait et se détacherait du support en morceaux.

Comme l'image remonte en séchant, il faut toujours qu'elle paraisse faible au développement, pour ne pas être trop foncée lorsqu'elle est terminée. Une remarque importante à faire, c'est que les images développées sur plaques collodionnées, mais que l'on veut conserver avec le demi-brillant de l'albumine, doivent être surtout beaucoup plus claires lors du développement que celles destinées au montage préalable qui produit le grand brillant de l'émail ; le contraire a lieu quand on développe sur métal pour obtenir des épreuves mates, il faut alors que le ton soit plus soutenu, afin que l'image ait assez de vigueur après la retouche à l'encre de Chine.

Si on développe dans une cuvette plate horizontale, le fond de cette cuvette est couvert de quelques centimètres d'eau chauffée à la température indiquée, les glaces sont mises à plat, le papier en dessus, et on peut les balancer jusqu'à ce que le papier qui sert de véhicule à la couche mixtionnée commence à se détacher, on l'enlève alors doucement en le tirant par un des angles, ce qui laisse la couche noire de gélatine sur le support. On active alors le dépouillement de l'image, en projetant avec la main de l'eau chaude à la surface pour éliminer la couleur en excès et la gélatine insoluble.

On se rend compte bien vite, lorsqu'on a l'habitude de ce travail, si le temps de pose est exact, car alors l'image apparaît promptement avec tous ses détails dans les blancs comme dans les noirs, tandis que si l'exposition a été trop longue les blancs restent empâtés et lourds, par suite de l'insolubilité générale de la gélatine qui retient la matière colorante en excès ; dans ce cas, on abandonne l'épreuve plus longtemps dans l'eau chaude dont on élève encore la température graduellement, jusqu'à ce qu'elle soit réduite au degré voulu.

Lorsque le temps de pose a été au contraire trop court, comme l'eau à haute température pourrait enlever toutes les demi-teintes, on termine le dépouillement dans une eau moins chaude ; mais, dans tous les cas, une image dont le temps d'exposition a été bien calculé, sera toujours plus belle et plus complète d'effet.

Le développement de l'image se fait plus ou moins rapidement, selon que la gélatine bichromatée est plus ou moins soluble, ce qui tient à des causes multiples, d'abord à la qualité du papier au charbon employé, à la manière dont il a été sensibilisé et séché, et aussi à l'état de l'atmosphère ; on pourra néanmoins se rendre compte du moment où l'image est complétement dépouillée lorsque, vue par transparence, il ne restera aucune trace inégale de couleur non dissoute, et qu'elle apparaîtra |bien limpide et uniforme sur toute sa surface.

Pour bien juger de la valeur des images développées sur glaces transparentes, on aura soin de placer un morceau de papier blanc à une petite distance, par derrière, afin de se rendre compte, en les examinant, du moment exact où on devra arrêter le dépouillement. Cet examen est plus facile lorsqu'on opère sur un corps blanc, comme le verre opale, la porcelaine ou le papier à la gomme laque.

Lorsque plusieurs épreuves sont développées sur une même glace et que l'une d'elles est plus foncée que les autres, on laisse couler sur cette image un filet d'eau plus chaude, au moyen d'un petit tube en caoutchouc, jusqu'à ce qu'elle soit arrivée à la même valeur que les autres.

Si une série d'épreuves sur une même glace était trop foncée par un excès de pose, on pourrait encore en réduire l'intensité, en plongeant la glace dans un bain alcalin de cyanure de potassium à 1 ou 2 % ou de carbonate d'ammoniaque à saturation; puis on terminerait toujours par un fixage à l'alun, qui a la propriété de rendre la gélatine insoluble, et en dernier lieu par un lavage abondant sous un robinet d'eau froide.

Pour les images développées sur support flexible il faut, avant le fixage à l'alun, laisser la feuille pendant quelques instants dans une cuvette remplie d'eau propre afin qu'elle abandonne, par le dégorgement, le bichromate de potasse qui est plus tenace que sur les supports rigides.

L'alun en cristaux, dissous à l'eau chaude, est préférable à l'alun en poudre. La solution d'alun ne doit pas dépasser 1 ou 2 $^o/_o$, car si elle était trop concentrée, la gélatine formant l'image deviendrait trop insoluble et n'adhérerait pas assez au papier de transfert. Le bain d'alun peut être employé à un degré de concentration plus élevé lorsqu'on opère par transport simple, et que l'image reste sur son support définitif.

La température de l'eau pour le dépouillement de l'image peut varier selon la solubilité plus ou moins grande du papier au charbon; pour certains papiers, l'eau à la température de 25 à 30° centigrades est suffisante, tandis que pour d'autres on peut employer impunément l'eau presque bouillante.

Développement sur mica.

La feuille de mica est posée à plat sur un verre qui doit lui servir de support pour la mettre à l'eau. Le travail d'applicaiton et de développement se fait de la même manière que pour le papier. L'image étant développée, il n'y a plus qu'à faire l'application du papier de transport, comme il sera expliqué, puis le collage de la carte. L'image, de cette façon, se trouve emprisonnée et fixée sur le mica même, ce qui la rend incombustible et inattaquable par les corps durs et les acides; elle possède, en outre, un brillant égal à celui de la glace; mais comme il est très-difficile de se procurer des feuilles de mica d'une dimension même moyenne, qui soient exemptes de défaut, on ne peut opérer que sur de très-petites images, telles que la carte de visite et le stéréoscope. Pour ce dernier genre d'image qui peut être vue par transparence, l'application du papier de transport est inutile.

CHAPITRE III

Epreuves transparentes pour vitraux.

Ces charmantes épreuves, dont la vogue augmente chaque jour, s'obtiennent avec la plus grande facilité, puisqu'elles ne sont autre chose, en réalité, que des images au charbon développées sur verre *comme support définitif;* l'opération se borne donc à imprimer et à développer comme il vient d'être dit, mais en employant un papier au charbon plus chargé en matière colorante et en augmentant un peu le temps d'exposition, pour que toutes les demi-teintes soient bien accusées lorsqu'on regarde l'image par transparence.

Ces épreuves sont appliquées contre un second verre *dépoli* qui adoucit et harmonise l'image tout en formant encadrement.

On se sert de plusieurs sortes de verres pour encadrer les images transparentes, les uns dont le dessin est formé par l'acide fluorhydrique, ce sont des verres gravés; et d'autres, dont les ornements sont obtenus au moyen d'un tissu au charbon coloré en bleu, en rouge, en vert, ou de toute autre nuance désirée résultant d'un cliché négatif fait d'après un dessin.

L'image au charbon, destinée à être vue par transparence, est placée convenablement au centre de l'encadrement, et les deux verres sont bordés avec un papier gommé pour les maintenir en contact. Si on entoure le tout avec un léger cadre en métal garni de deux chaînettes qui servent à suspendre cette image à la fenêtre, on a un charmant tableau décoratif du plus heureux effet.

Les épreuves stéréoscopiques, obtenues par ce moyen, ont une finesse qui peut rivaliser avec les plus belles productions du même genre faites sur albumine.

CHAPITRE IV

Positifs par transparence au charbon pour agrandissements.

Les positifs par transparence destinés à produire des clichés agrandis doivent être d'une netteté, d'une finesse et d'une pureté exceptionnelles, car le moindre défaut serait grossi dans des proportions considérables.

Le papier au charbon employé pour cet usage, losqu'on le développe sur glace polie, ne donne que des résultats imparfaits, parce que toutes les parties de l'image ne peuvent pas adhérer également au support rigide, par suite des reliefs de la mixtion colorée qui, en séchant, produit en outre une sorte de trame fine comme de la mousseline, imperceptible sur le positif, mais suffisante pour enlever toute finesse au cliché agrandi.

L'emploi du collodion modifie généralement ce

6*

défaut, et, quand il est peu chargé en coton, c'est-à-dire assez fluide pour ne pas laisser de *stries*, c'est généralement ce qu'on emploie le plus avantageusement, mais comme la contraction de la gélatine, en séchant, agit parfois sur le collodion auquel elle est attachée, et qu'il peut se produire des rides dont l'effet final est fâcheux, nous allons indiquer un autre moyen pour que l'image positive conserve plus de finesse après dessiccation, c'est de la développer sur un véhicule qui ait la même propriété de contraction et d'extension que la mixtion colorée et insolée; ce véhicule, c'est la glace recouverte d'une couche légère de gélatine insolubilisée.

On préparera, en conséquence, une solution chaude composée de :

Gélatine. . . . . 30 grammes.
Eau. . . . . 1 litre.

Lorsque la gélatine, après avoir gonflé pendant une heure dans l'eau froide, a été dissoute au bain-marie, on ajoute petit à petit, en ayant soin de remuer le liquide continuellement, un gramme de chrome alun préalablement dissous dans une petite quantité d'eau chaude; cette solution est alors filtrée et versée, pendant qu'elle est tiède, sur des glaces chimiquement propres, absolument comme si on les couvrait de collodion. On fait sécher ces glaces à l'abri de la poussière, puis on les enferme dans des boîtes à rainures pour être employées au besoin.

Ces glaces ainsi gélatinés se conservant indéfiniment, on peut donc en préparer une grande quantité à l'avance, mais il faut avoir soin de marquer le côté gélatiné, qu'il serait très-difficile de reconnaître.

Le papier au charbon qui donne les meilleurs résultats, est celui qui est peu chargé en gélatine, mais contenant une grande proportion de matière colorante broyée et filtrée avec le plus grand soin, afin de produire une image exempte de relief et de points noirs; néanmoins, on obtiendra très-souvent des positifs satisfaisants avec le papier mixtionné qui sert pour le travail courant des portraits, lorsque ce papier a été préparé par des fabricants consciencieux et bien organisés; mais nous le répétons, il est de la plus grande importance que la couleur soit broyée et filtrée de façon que l'image transparente, vue à la loupe, présente une surface d'une pureté absolue; car, si la mixtion colorée laissait un semis de points noirs sur l'image, comme cela arrive fréquemment lorsqu'on emploie des couleurs métalliques qui se précipitent dans la gélatine, le cliché agrandi serait criblé de petits trous très-difficiles à retoucher; dans ce cas, il serait plus avantageux de faire un positif transparent au collodion humide à la chambre noire, ou au collodion sec par contact, à moins qu'on ne préfère le procédé au collodion albuminé, qui serait préférable à tous autres, s'il était d'une manipulation plus facile.

La sensibilisation se fait de la même façon qu'il est indiqué page 21.

L'impression doit être beaucoup plus vigoureuse que pour les images destinées à être transportées sur papier, pour que les moindres demi-teintes soient parfaitement visibles lorsqu'on examine l'épreuve par transparence; c'est pourquoi le temps de pose est environ le double de celui nécessité pour les autres images.

Quel que soit le véhicule employé lorsqu'on veut développer l'image, la glace collodionnée ou gélatinée, est d'abord plongée dans une cuvette d'eau froide, afin de ramollir la couche superficielle lorsque c'est une glace gélatinée, et quelques minutes plus tard le papier mixtionné impressionné est également plongé dans la même eau, lorsqu'il a repris sa planimétrie, le côté gélatiné du papier est mis en contact sous l'eau avec le côté gélatiné de la glace, qui est alors retirée pour égoutter; on la pose alors à plat, puis, comme nous l'avons indiqué déjà, on place un morceau de toile caoutchoutée sur le tout et on frotte vigoureusement avec une raclette pour chasser les bulles d'air et compléter l'adhérence; pour les glaces collodionnées on opère ainsi qu'il a été expliqué précédemment, puis on met en presse pendant quelques instants, et on procède au dépouillement de l'image comme de coutume; lorsque la gélatine est parfaitement sèche on peut employer ce positif pour produire des clichés de toutes dimensions qui posséderont une finesse égale et des qualités souvent supérieures à ceux que l'on obtient directement d'après nature.

Le grand cliché pourra être fait indifféremment dans son vrai sens ou retournée, selon que le positif aura été placé, la gélatine en regard de l'objectif amplifiant, ou du côté opposé, ce qui permet de redresser deux portraits qui ont été exécutés en sens inverse.

Dans un autre chapitre, nous indiquerons la manière de faire des clichés au charbon en employant des positifs par transparence agrandis aux sels d'argent.

CHAPITRE V

Retouche, transfert et montage des épreuves.

Avant d'opérer le transfert des images développées sur glaces, on doit repiquer et retoucher par transparence celles qui sont destinées à conserver le brillant de l'émail.

Le repiquage se fait très-facilement avec de la couleur à l'huile, noir d'ivoire, laque carminée et sépia, mélangée à la teinte voulue et étendue d'essence de lavande; on procède pour cela comme pour le repiquage des clichés.

On peut également, avec un peu d'habileté, augmenter les effets et donner du modelé à des épreuves qui en manqueraient, soit avec un crayon bien acéré, soit à l'estompe dite *tortillon*, en employant de la poudre galvanoplastique, dite plombagine.

Enfin, si on désire avoir des images coloriées, il suffira d'enluminer avec les couleurs d'*Encausse* à l'albumine, qui ne se dissolvent pas, comme l'aquarelle, quand on applique le papier de transfert.

Lorsqu'on voudra avoir des épreuves demi-brillantes comme le papier albuminé, le travail du développement se fera soit sur glaces collodionnées, comme pour les images émaillées, soit sur papier stéariné ou à la gomme laque (support flexible) ; on pourra, dans les deux cas, se dispenser de repiquer ou de retoucher avant le transport définitif, ce travail se faisant plus facilement après le collage de l'épreuve sur carton.

La vérification et la retouche des épreuves ne doivent se faire qu'après dessiccation complète de l'image, car la gélatine, lorsqu'elle est humide, est très-délicate et facile à écorcher.

Le transport définitif pour le redressement de l'image sur papier gélatiné aluné, dont nous donnerons la formule plus loin, se fait de la façon suivante :

Le papier de transport est d'abord coupé d'une dimension un peu plus grande que les glaces qui supportent les images, afin de pouvoir être retourné du côté opposé, en bordant cette glace de un à deux centimètres ; lorsqu'on veut l'employer il est trempé dans l'eau à la température de 35 à 40° centigrades, jusqu'à ce que la gélatine soit ramollie et collante au doigt ; on immerge alors la glace portant l'image dans une cuvette *d'eau froide ;* on la pose à plat sur une table, face en dessus, et on applique à la surface la feuille de papier de transport, le côté gélatiné en contact avec l'image ; on donne un coup de raclette en tous sens sur le dos du papier (sans employer la toile caoutchoutée) pour faciliter l'adhérence et chasser les bulles d'air, et on laisse sécher, en posant la glace verticalement sur un porte-glace à rainures.

Si la gélatine du papier de transport n'était pas suffisamment ramollie par l'eau chaude, il se produirait, après dessiccation, une myriade de petits points brillants sur l'image vue par réflexion, et les grandes lumières sur les contours sembleraient argentées ; il en serait de même si on mouillait l'image à l'eau chaude et non à l'eau froide et chose curieuse, lorsque ce phénomène se produit, l'image se détache de la glace beaucoup plus difficilement, quelque bien cirée qu'elle soit ; il est donc important que l'eau dans laquelle on trempe le papier gélatiné soit suffisamment chaude sans cependant qu'elle puisse dissoudre la gélatine, et celle où on immerge l'image parfaitement froide. La même recommandation s'applique au transport des épreuves développées sur un support flexible ; dans ce cas, après l'application du papier de transport, on suspend à une corde garnie de pinces américaines, jusqu'à dessiccation, puis on chauffe légèrement pour détacher l'image de son support temporaire.

Quelques praticiens ont préconisé l'emploi du papier albuminé coagulé pour transport des images au charbon, nous ne sommes pas partisan de ce subjectile dont le moindre défaut est de jaunir beaucoup plus vite que le papier gélatiné aluné.

On peut également, si on le préfère, transporter l'image au charbon sur un papier de support avec encadrement lithographié ; dans ce cas, comme l'entourage du portrait doit rester transparent, il devient inutile de teinter par la lumière avec le châssis spécial dont il a été parlé, il suffira de développer l'épreuve telle qu'elle sort du châssis à impression, de la fixer et de la finir comme à l'ordinaire.

Les papiers de support sont, dans ce cas, immergés dans une cuvette remplie de gélatine chaude à 6 %; la glace portant l'image est également trempée dans la même gélatine; puis on prend un papier de support que l'on applique sur l'image en l'ajustant, et on donne un coup de raclette.

Si on veut monter l'épreuve de suite, pour qu'elle conserve le brillant de l'émail, on applique au dos de ce papier une feuille de carton préalablement trempé dans un bain de gélatine à 12 ou 15 %, on donne un dernier coup de raclette pour chasser l'excédant du liquide, et on abandonne au séchage pendant douze heures au moins dans une pièce chauffée.

Images demi-brillantes.

Pour les épreuves développées sur glaces collodionnées, auxquelles on veut conserver seulement le demi-brillant de l'albumine, la feuille de papier portant l'image est détachée de la glace aussitôt qu'elle est sèche, puis on la coupe et on la colle sur carton, comme les épreuves sur papier albuminé ; on repique ou on retouche, s'il y a lieu, puis on procède au satinage à la façon ordinaire, et les épreuves sont prêtes à livrer ; l'opération se trouve, dans ce cas, considérablement simplifiée et abrégée, et le résultat peut rivaliser avec les plus belles images imprimées sur papier albuminé.

Un moyen plus simple encore, et qui donne des épreuves très-satisfaisantes, bien que plus froides de tons, et surtout moins brillantes, est celui qui consiste à développer sur papier stéariné ou à la gomme laque (support flexible), comme il a été expliqué ; lorsque l'image est enlevée de ce support provisoire, il suffit de frotter toute la surface avec un tampon de flanelle imbibé de la solution de benzole et de cire indiquée page 41, qui sert à la préparation des glaces ; après évaporation de la benzole, on frotte de nouveau cet encaustique avec une flanelle sèche et propre, pour redonner du brillant à l'épreuve, puis on la colle sur carton, on la retouche s'il y a lieu, et on la satine, comme d'habitude, sur un cylindre à chaud ou à froid.

La solution de benzole et de cire pourrait être avantageusement remplacée par un vernis très-léger à la gomme laque blanche dissoute dans l'alcool, étendu sur l'épreuve avec un tampon en peau de chamois, puis séché près d'un fourneau à gaz avant le montage sur carton.

Ces mêmes épreuves, *non cirées ni vernies cette fois*, pourraient être rendues complétement brillantes avant collage, en les émaillant comme on le fait pour les images aux sels d'argent sur papier albuminé ; mais dans ce cas, il faudrait remplacer la gélatine chaude dont on se sert pour cette opé-ration par une solution froide de gomme arabique, dans laquelle on tremperait l'image avant son application sur la glace collodionnée et talkée, la gélatine devant être rejetée comme désagré-geant la pellicule qui forme l'image. Il est même bon, dans ce cas, de *décirer* l'image en la frottant avec de la benzole pure, et de la plonger pendant 3 ou 4 minutes dans un bain d'alun à 5 %, afin de rendre la solution complétement insoluble.

Épreuves mates.

Les images qui doivent être conservées mates sont développées sur métal grainé ou sur verre

7*

dépoli, ainsi que nous l'avons expliqué, puis enlevées sur un papier de transport qui conserve l'empreinte de la surface sur laquelle l'image a été développée. Lorsque ces épreuves sont collées sur bristol, il est bon de les frotter avec une flanelle propre légèrement imbibée de benzole contenant quelques gouttes d'huile d'olive, pour enlever toute trace de cire qui pourrait rester à la surface de l'image; la retouche à l'encre de Chine ou au crayon est alors beaucoup plus facile et le résultat plus artistique.

Si ces épreuves devaient être colorées à l'aquarelle, elles seraient nettoyées avec de la benzole pure sans addition d'huile d'olive, qui repousserait la couleur à l'eau.

Images brillantes dites émaillées.

Quant aux images que l'on veut conserver avec le grand brillant de l'émail, on doit les monter avant de les détacher du verre; le moyen le plus simple est le suivant :

Lorsque le papier de transport est sec, ou à peu

près, on applique au dos trois ou quatre feuilles de papier gélatiné et trempé dans l'eau chaude, absolument comme il a été dit pour l'opération du transfert; on chasse l'eau par un coup de raclette, puis on laisse sécher complétement dans un courant d'air sec, s'il est possible, ou dans une pièce chauffée au besoin, en ayant soin d'espacer chaque glace pour que toutes les parties puissent sécher également. Lorsque la dessiccation est complète, ce qui nécessite au moins douze heures, on détache l'image de la glace, en passant la lame d'un canif sous les bords, on la coupe de dimension voulue, puis elle est bombée, s'il y a lieu, et montée sur cartons forts, comme cela se pratique pour les cartes gélatinées.

Nous ne conseillons pas cependant le bombage des images au charbon émaillées par ce moyen, car cette opération enlève une partie du brillant à l'image, en faisant apparaître le grain du papier de transport, ce qui lui enlève une partie de sa transparence et la rend plus lourde d'aspect.

Comme il arrive fréquemment que l'image se détache du verre partiellement avant que sa surface entière soit parfaitement sèche surtout lorsque la cire employée contient un corps gras), ce qui occasionne une inégalité de brillant préjudiciable à la beauté de l'épreuve, il est bon, lorsqu'on la monte, en collant au dos du papier de transport trois ou quatre épaisseurs du même papier pour former carton, de bien frotter les bords du verre, afin d'enlever le collodion et la cire, et au besoin d'y passer un peu de caoutchouc dissous dans la benzine avec un pinceau, pour que le papier soit bien maintenu jusqu'à parfaite dessiccation ; il suffira alors de couper le papier tout autour avec une pointe de canif pour que l'image se détache d'elle-même avec un brillant parfait.

Les épreuves enlevées trop tôt de la glace, c'est-à-dire avant qu'elles soient parfaitement sèches, perdent la plus grande partie du brillant qui leur donne l'aspect des images dites *émaillées ;* il en est de même lorsqu'elles se détachent trop tôt par un excès de chaleur de la pièce où elles se trouvent, ou par suite d'un excès de cire laissé sur la glace servant de support temporaire.

Un autre moyen de donner du brillant aux épreuves développées sur support flexible sans employer de collodion, consiste à encaustiquer ces épreuves avec la solution de cire dissoute dans la benzole, ainsi qu'il a été expliqué pour les images demi-brillantes, puis d'appliquer ces épreuves, sous l'eau, contre une glace bien propre; lorsqu'on a chassé les bulles d'air qui peuvent se trouver entre l'image et la glace, on applique au dos plusieurs épaisseurs de papier de transport pour former carton, et, lorsque le tout est sec, l'image est détachée de la glace avec un brillant parfait.

Transport de l'image sur ivoire, sur toile à peindre, sur panneau, sur porcelaine, etc., etc.

Les images au charbon ont cela d'avantageux, lorsqu'on opère par double transport, qu'elles peuvent être appliquées avec la plus grande facilité sur toute surface flexible ou rigide préalablement préparée avec une solution de gélatine rendue partiellement insoluble par l'alun de chrome.

On peut donc couvrir une toile à peindre, un panneau, une feuille d'ivoire, une porcelaine quelconque, etc., etc., avec la solution gélatineuse indiquée page 85, qui sert à la préparation du papier de transport, et lorsque cette gélatine est sèche, y appliquer, sous l'eau, l'image *développée sur un support flexible*, qui permet d'obtenir un contact parfait, quelle que soit la forme du support définitif; on chasse les bulles d'air avec soin au moyen de la raclette, puis on laisse sécher.

Lorsque le papier de support provisoire est enlevé, l'image reste adhérente à la surface sur laquelle on l'a appliquée; on peut alors la transformer en une charmante miniature, si elle est sur ivoire, en une peinture à l'huile si, au contraire, on l'a appliquée sur une toile ou sur panneau; pour la conserver noire, il suffirait de passer, au pinceau, une ou deux couches de vernis dur à la gomme laque, additionnée de silicate de potasse.

Nous répéterons ici que le support provisoire, rigide ou flexible, doit être frotté chaque fois qu'on s'en est servi, avec un morceau de flanelle imbibé de la solution d'essence de térébenthine et de cire résineuse, puis poli, en dernier lieu, avec un autre tampon bien sec, afin que l'image suivante puisse se détacher facilement.

CHAPITRE VI

Fabrication du papier de transport
coloré.

La méthode la plus simple et la plus expéditive
pour fabriquer en grande quantité le papier de
transport et le papier mixtionné, est l'emploi d'une
machine verticale qui permet de préparer, en
peu d'instants, et d'une façon extrêmement régu-
lière, des bandes de papier de 3 ou 4 m. de longueur sur 75 cent. de largeur.

Cette machine se compose de deux cylindres :
l'un en bois verni, à la partie supérieure, d'un
diamètre de 15 cent. environ, et l'autre, à la
partie inférieure, beaucoup plus petit, est en
métal. Tous deux sont parallèlement montés sur
un bâti en bois à coulisse, permettant de maintenir le cylindre inférieur en contact avec la mixtion qui se trouve dans une cuvette cylindrique
en zinc, baignant elle-même dans un bain-marie.
Le papier, dont les deux extrémités sont collées
ensemble avec de la gomme ou de la gélatine,
est enroulé verticalement sur ces deux cylindres;

un rouleau conducteur à bascule, servant à raidir le papier en l'écartant, est placé au milieu de la machine; alors, en faisant mouvoir les cylindres au moyen d'une manivelle, le papier passe en tournant lentement et successivement sur le liquide chaud qui se trouve dans la cuvette inférieure; lorsqu'il a fait le tour complet, il ne reste plus qu'à le couper à une des extrémités et à le suspendre sur un demi-rond en bois fixé perpendiculairement à la muraille de la pièce où il doit rester pour sécher, et à en faire un second, un troisième, etc., jusqu'à ce que la mixtion soit épuisée.

Pour les transports, le meilleur papier est celui qui est d'une force moyenne, bien résistant, à grain très-fin et bien satiné; on l'achète en rouleau sans fin de plusieurs centaines de mètres, et on le coupe à la longueur voulue.

On emploie également avec beaucoup d'avantage le papier *émail mat ou brillant*, c'est-à-dire dont un côté est recouvert d'une couche assez épaisse de sulfate de zinc, qui lui donne une surface sans grain parfaitement unie; mais il faut, dans ce cas, que cette couche superficielle, qui remplit les pores du papier, soit rendue préalablement insoluble à l'eau chaude. Les images transportées sur ce dernier papier ont une finesse et une douceur bien supérieures à celles qui sont appliquées sur papier ordinaire, dont le grain est parfois visible, mais il est très-difficile à fabriquer; aussi arrive-t-il souvent qu'on ne peut pas le détacher du support temporaire auquel il reste collé lorsque la couche de sulfate de zinc gélatiné n'a pas été suffisamment insolubilisée.

Pour la préparation mixtionnée au charbon, comme le papier n'est qu'un véhicule provisoire, la qualité peut en être moins belle; cependant il est bon qu'il soit plus épais et moins collé que celui destiné au transfert. Il doit être également en rouleau sans fin et d'une largeur de quelques centimètres en plus que le rouleau inférieur de la machine, afin que ce rouleau ne touche jamais au liquide.

L'encollage de gélatine colorée, qui sert à fabriquer le papier de transport, se compose de :

Gélatine ordin. Nelson ambrée	500	grammes.
Eau ordinaire	5	litres.
Glycérine	160	grammes.
Sulfate de baryte en pâte	190	—
Chrome alun	8	—
Bleu d'outre-mer	2	—
Laque carminée	25	centigrammes.

Ou toute autre proportion qu'on veut donner à ces couleurs selon la teinte désirée.

La quantité de produits indiquée ci-dessus doit suffire pour faire seize rouleaux de papier de 3 m. 60 de longueur sur 75 cent. de largeur; la proportion peut donc être modifiée, selon qu'on voudra faire une quantité plus ou moins grande de rouleaux à la fois.

L'opération se fait de la façon suivante :

Le sulfate de baryte en pâte, le bleu d'outre-mer en poudre et la laque carminée sont pesés et placés sur une table de marbre pour en opérer le mélange bien intime avec la glycérine; pour cela on se sert de la molette en verre et du large couteau à palette, au moyen desquels on triture ces couleurs, par petites quantités à la fois, jusqu'à ce que le tout forme une pâte liquide de nuance uniforme; d'autre part, et pendant que l'on broie finement le mélange des couleurs avec la glycérine, on a soin de faire gonfler la gélatine dans l'eau froide, ce qui demande une heure environ, avant de la faire fondre complétement au bain-marie. Lorsqu'elle est entièrement fondue, on en prend une centaine de grammes et l'on recommence de nouveau le broyage et le mélange intime de la couleur avec la gélatine chaude, sur le marbre, en se servant de la molette et du couteau à palette.

Cette dernière opération est d'autant plus importante que, si on la négligeait, la couleur, versée dans la gélatine chaude, se précipiterait au fond par flocons, au lieu de se mélanger à la masse, comme cela doit avoir lieu lorsqu'on la verse par petites quantités, en ayant soin d'agiter le liquide chaud avec une baguette en verre ou en bois.

Quelques instants seulement avant d'employer cette mixtion, on fait fondre à part le chrome alun dans une petite quantité d'eau chaude, et on le verse dans la gélatine, goutte à goutte, en ayant soin de remuer le liquide constamment pour éviter les grumeaux insolubles qui se formeraient dans la masse de gélatine. Le mélange est alors prêt à servir. On le verse dans la cuvette cylindrique de la machine, sur laquelle on a placé une mousseline de laine en double pour filtrer le liquide.

Le compartiment inférieur, servant de bain-marie, est rempli d'eau chaude à la température de 40° centigrades, pour maintenir constamment la mixtion à 32 ou 33° pendant l'opération. Ce liquide est alors écrémé à deux ou trois reprises différentes, en promenant une feuille de papier à la surface.

Chaque bande de papier est placée successivement sur les rouleaux, de façon à passer sur le bain dans toute son étendue, à l'aide d'une manivelle qui lui imprime un mouvement régulier et continu, puis, lorsque le tour est complet, on coupe le papier à la jonction et on le suspend sur les demi-ronds fixés à la muraille pour sécher.

CHAPITRE VII

Fabrication du papier mixtionné sans fin de toutes nuances au moyen de la machine verticale à rouleaux.

La fabrication du papier mixtionné est chose délicate qui demande une grande pratique et des connaissances en chimie, des soins constants, une observation de tous les instants, un matériel important et un vaste emplacement bien agencé. Malgré cela, la réussite n'est pas toujours certaine, car elle tient à des causes multiples trop longues à expliquer dans cette brochure essentiellement pratique; il est donc préférable, pour ce papier comme pour le papier albuminé, de le laisser fabriquer par des maisons spéciales dont le matériel, l'organisation et l'expérience acquise permettent de produire des papiers de beaucoup supérieurs à ceux que l'on pourrait fabriquer chez soi sur une petite échelle.

8*

Néanmoins, nous allons indiquer la façon dont se fait le papier mixtionné, sensibilisé ou non, avec les différentes proportions de couleurs susceptibles de produire les nuances les plus usitées en photographie pour tous les usages. On pourra, bien entendu, modifier ces proportions, selon la nuance que l'on veut obtenir.

La qualité de la gélatine joue un grand rôle dans la fabrication du papier au charbon, et malheureusement on en trouve fort peu, dans le commerce, qui soit dans des conditions de solubilité parfaite ; presque toutes contiennent de la chaux, des sels de fer ou de l'alun. Les gélatines françaises de MM. Grenet et Coignet, très-transparentes et très-belles en apparence, ont le grand défaut d'être peu solubles, ce qui les rend impropres à la fabrication des mixtions colorées pour le procédé au charbon. Celle de M. Nelson, à Londres, d'une couleur jaune ambrée, est bien meilleure pour ce travail ; elle a même le défaut contraire, ce qui, dans certains cas, oblige à la mélanger avec une gélatine moins soluble, ou avec de la colle de poisson, lorsqu'on doit l'employer par les fortes chaleurs.

Certaines couleurs, par leur composition chimique, ont la propriété d'insolubiliser la gélatine ; c'est ce qui amène de fréquents insuccès, lorsqu'on veut produire une trop grande variété de nuances ; nous donnons ci-dessous les proportions pour les différentes teintes les plus usitées en photographie, en recommandant de ne pas les varier à l'infini, car il est préférable de se tenir à une ou deux formules lorsqu'elles donnent de bons résultats.

Le broyage des couleurs et leur mélange intime nécessite un travail long, pénible et fastidieux, que l'on peut éviter en le faisant faire par le fabricant, beaucoup mieux outillé généralement qu'on ne l'est chez soi ; il suffit de lui donner la proportion de chacune des couleurs que l'on veut mélanger pour produire la teinte désirée, en lui recommandant de faire ce broyage à l'eau, et de livrer la couleur en pâte à la consistance du mastic, dans des pots bouchés hermétiquement pour éviter l'évaporation de l'eau, et, par suite, la dessiccation de la couleur ; car, dans ce cas, la proportion indiquée devrait être moindre, puisqu'elle a été calculée d'après le poids de la couleur mouillée et non sèche.

Proportion des produits qui entrent dans la fabrication d'un rouleau de papier au charbon de 3 m. 60 de longueur sur 75 cent. de largeur.

TON BRUN ROUGE PHOTOGRAPHIQUE.

Gélatine n° 1 de Nelson...............	25	grammes.
Gélatine de poisson ambrée d°.......	200	—
Eau ordinaire......................	675	—
Sucre blanc ordinaire (selon la température)............... de 30 à	60	—
Savon sec.........................	25	—
Rouge indien, en pâte.............	10	—
Encre de Chine —	8	—
Laque carminée —	6	—
Ou mélange des trois couleurs......	24	—

Par les grandes chaleurs, ajouter de 5 à 20 % de colle de poisson, en remplacement de la même quantité de gélatine.

La quantité de sucre varie également selon la température ; la proportion doit augmenter d'autant plus que le temps est plus sec.

Ne jamais mettre de glycérine dans le papier au charbon, à moins que ce ne soit pour imprimer des clichés beaucoup trop doux, car la glycérine a la propriété de donner des images heurtées.

Lorsqu'on veut fabriquer le papier mixtionné tout sensibilisé, on ajoute au mélange ci-dessus :

Bichromate de potasse............... 20 grammes.
Carbonate de soude cristallisé, de 5 à 10   —
                                   (selon la saison).

Le carbonate de soude augmentant la solubilité de la gélatine, on comprendra que la proportion de ce sel doit être d'autant moins grande que la gélatine est plus soluble et la température plus élevée, et, comme il a la propriété de rendre le papier mixtionné moins sensible à la lumière, on l'emploiera avec la plus grande modération possible lorsque la lumière est faible.

Ton brun chocolat, genre allemand.

Même proportion de gélatine et d'eau, de sucre et de savon que pour le précédent.

Encre de Chine en bâton............   3 grammes.
Peroxyde de fer hydraté sec..........   2   —
Alizarine dissoute dans la soude..... 1/2   —
Purpurine........................... 1/2   —

Ton noir chaud :

Noir de fumée ou noir de bougie.....   6 grammes.
Laque carminée.....................   6   —
Terre d'ombre brûlée...............   4   —
Indigo.............................   2   —

Ton noir de gravure :

Noir de fumée...............	38 grammes.	
Laque carminée....................	4	—
Indigo.................................	2	—

Ton brun foncé :

Indigo............................	2 grammes 1/2.		
Rouge indien..., ...	6	—	
Brun Van Dyck.....................	4	—	
Laque carminée.................. ..	1	—	1/4.
Noir de fumée.....................	30	—	

Ton brun-rouge :

Encre de Chine..................	6 grammes.	
Laque carminée......................	8	—
Brun Van Dyck.............. .. ./.. ...	8	—

Ton sépia :

Noir de fumée.....................	4 grammes.	
Sépia de Cologne...................	35	—

Ton rouge pour positives par transparence :

Laque carminée.....................	10 grammes.	
Rouge indien.......................	6	—
Encre de Chine.....................	4	—

Lorsque chacune des couleurs est séparée, on

pèse très-exactement la quantité voulue pour le nombre de rouleaux que l'on a à faire dans la journée, et on procède au broyage de chacune des couleurs d'abord séparées, puis on les mélange ensuite toutes ensembles sur la table de marbre, comme cela a été expliqué précédemment pour le papier de transport, avec cette différence que l'on emploie un peu d'eau froide, en place de glycérine, pour faciliter ce broyage.

D'autre part, la gélatine *dialysée* est mise à tremper dans la quantité d'eau indiquée, à laquelle on a ajouté le sucre et le savon ; lorsqu'elle est suffisamment gonflée, on la fait fondre au bain-marie, et on en prend une petite quantité pour recommencer, sur la table de marbre et avec la molette et le couteau à palette, le broyage et le mélange intime de cette gélatine avec les couleurs, que l'on introduit ensuite par petite quantité à la fois dans la masse chaude, en ayant soin de bien remuer le liquide afin d'éviter un précipité des couleurs qui, n'étant pas suffisamment divisées, reparaîtraient sur chaque épreuve en un semis de petits points noirs, ce qui lui enlèverait toute sa finesse.

La mixtion est alors prête à servir, si on veut préparer le papier non sensibilisé.

Si on veut, au contraire, avoir un papier sensible, on fait fondre le bichromate de potasse et le carbonate de soude dans une petite quantité d'eau chaude et on l'introduit dans la gélatine colorée, goutte à goutte, en remuant vivement. La mixtion est alors passée à travers une mousseline de laine en double, que l'on a le soin de fixer sur la cuvette cylindrique de la machine au moyen de pinces américaines; l'eau du bain-marie de cette machine est chauffée à la température de 40° centigrades en été et de 45° en hiver, afin que la mixtion conserve jusqu'à épuisement une température de 30 à 35°.

On promène à la surface du liquide un morceau de papier blanc pour chasser les bulles ainsi que les impuretés et la pellicule supérieure qui auraient pu se former pendant le filtrage; puis on place sur l'appareil une bande de papier coupée de dimension et jointe aux extrémités, on règle les coulisseaux afin que le papier, conduit par le rouleau inférieur, se trouve constamment en contact avec la mixtion, et on tourne la manivelle lentement et régulièrement, jusqu'à ce que le papier tout entier, entraîné par le rouleau supérieur de la machine, ait fait un tour complet

et soit couvert d'une couche de gélatine colorée;
on coupe alors le papier à la partie inférieure et
on l'enlève avec la fourchette en fer pour le placer sur un des supports où il doit rester jusqu'à
dessiccation complète, en ayant soin d'attacher
à chacune des extrémités, avec des pinces américaines, une latte en bois destinée à maintenir
le papier parfaitement droit et à l'empêcher de se
recoqueviller en séchant.

Comme nous avons donné la proportion pour
faire un rouleau, on comprendra qu'il est facile
d'en faire tel nombre que l'on voudra à la fois en
multipliant cette proportion par le nombre de rouleaux que l'on veut faire dans la même journée.

Le mouvement plus ou moins rapide que l'on
imprime au rouleau conducteur produit une couche plus ou moins épaisse de gélatine sur le papier; mais on peut calculer que, avec une mixtion
dont la température n'excède pas 35° centigrades,
20 à 25 secondes doivent suffire pour opérer la
révolution complète d'une bande de papier ayant
3^m50 de longueur; si le mouvement était plus lent,
la couche serait plus épaisse, et *vice versâ*.

CHAPITRE VIII

RÉSUMÉ DES OPÉRATIONS

Sensibilisation.

Ne jamais faire flotter, mais immerger le papier pendant une minute et demie à deux minutes et demie dans le bain de bichromate de potasse, à 2 pour 100 en été et 3 pour 100 en hiver. Quand le papier au charbon est peu soluble et que les clichés à imprimer sont faibles, ajouter au bain sensibilisateur une petite quantité d'ammoniaque ou de carbonate de soude en solution.

Passer toujours la main ou un blaireau à la surface du papier pendant qu'il est dans le bain sensibilisateur, pour chasser les bulles d'air et faciliter l'assimilation du liquide dans toutes les parties du papier.

Placer un tube en verre sur le bord de la cuvette contenant le bain sensibilisateur, afin d'enlever l'excès du liquide en faisant glisser la surface mixtionnée sur ce tube lorsqu'on retire le papier du bain.

Faire sécher le papier sensible dans une pièce aérée, exempte d'humidité, mais d'une température moyenne, et éclairée seulement par des verres jaunes.

Ne jamais faire sécher le papier sensible par la chaleur du gaz ; éviter les émanations d'hydrogène sulfurée produites par les cabinets d'aisance.

Autant que possible, ne sensibiliser le papier que pour le travail d'un ou deux jours, car il perd d'autant plus de sa sensibilité, et surtout de sa solubilité, qu'il a été préparé depuis plus longtemps.

Pour avoir la même sensibilité, immerger le papier au charbon exactement le même temps dans le bain de bichromate, que l'on doit tenir constamment au même degré de concentration.

Renouveler le bain de bichromate tous les deux ou trois jours.

Par les grandes chaleurs, maintenir le bain de bichromate à une température qui n'excède pas 10° centigrades en l'entourant de glace si cela est nécessaire, et sensibiliser dans l'endroit le plus frais possible, dans une cave au besoin, pourvu qu'elle ne soit pas humide.

Coupage du papier au charbon.

Placer le papier mixtionné face en dessous sur une glace bien propre, le couper parfaitement d'équerre avec un calibre en verre dépoli ou en zinc, lorsqu'on veut imprimer au moyen des nouveaux châssis.

Ne jamais toucher avec les doigts la surface sensible, afin d'éviter les taches ; mettre, au contraire, des gants de fil blanc pour faire le coupage et les autres opérations, jusqu'au moment où le papier est plongé dans l'eau pour le développement.

Tirage.

Avant de faire le tirage complet, essayer chaque matin la sensibilité du papier en prenant un cliché de force moyenne; on pourra ensuite imprimer à coup sûr en comparant la densité de chaque cliché.

Une exposition trop longue donne des épreuves trop foncées, une exposition trop courte donne des images sans détails.

Les clichés vigoureux donnent des images brillantes et riches de ton, ceux qui sont, au contraire, trop faibles produisent des épreuves lourdes et grises.

Si la lumière ne permettait pas d'imprimer une épreuve à sa valeur complète, on pourrait remettre le développement au lendemain, l'image gagnerait d'autant plus en intensité que la gélatine deviendrait moins soluble.

Ne jamais imprimer en plein soleil, ou, dans ce cas, exposer une teinte sur quatre en plus que si on imprimait à l'ombre.

Le temps d'exposition pour les épreuves destinées à être vues par transparence, doit être plus prolongé, de moitié environ, que pour celles qui sont vues par reflexion, il en est de même pour les positifs destinés à faire des clichés agrandis.

Le papier au charbon est d'autant moins sensible et moins soluble qu'il a été sensibilisé depuis plus longtemps.

Par les temps humides, le papier est plus sensible que par les temps secs, mais il est moins soluble.

Lorsqu'on veut obtenir des images à deux teintes avec inscription, au moyen des nouveaux châssis, avoir soin de marquer le dos du papier avant de le retirer de la presse, afin de ne pas le mettre sens dessus dessous.

Lorsqu'on imprime avec les châssis ordinaires, coller du papier noir ou jaune autour du cliché, afin de préserver de la lumière les bords du papier au charbon pendant l'insolation.

S'assurer que les coussins des châssis sont bien secs, pour éviter que la mixtion colorée se colle au cliché.

Ne jamais employer de clichés retouchés sur le vernis, sans les avoir, au préalable, recouverts d'une couche de collodion, pour éviter les marques de la retouche qui se produisent quelquefois sur l'image au charbon.

Lorsque le papier bichromaté est plongé dans l'eau, il perd à l'instant sa sensibilité ; donc on n'a plus à craindre la lumière pour le développement qui devra se faire dans une pièce bien éclairée, afin de pouvoir juger de la valeur des épreuves.

Préparation des glaces, des plaques métalliques et des supports flexibles pour le développement par double transfert.

Employer toujours de préférence de la cire jaune commune, et non de la cire blanche, qui contient souvent des matières grasses ; la racler finement, afin qu'elle se dissolve plus facilement dans la benzole, et y ajouter une petite quantité de résine pour empêcher le décollement trop prompt de l'image, lorsqu'elle est montée.

Quand on se sert de glaces, les frotter en longueur et en largeur (avec un tampon de papier joseph, qui est meilleur lorsqu'il a servi plusieurs fois) jusqu'à ce que la benzole soit complétement évaporée, puis enlever l'excès de la cire en frottant modérément avec un morceau de flanelle jusqu'à ce que la glace ait repris son brillant, tout en conservant à sa surface un principe gras suffisant pour isoler l'image lorsqu'on veut l'enlever après le transfert sur papier.

Si l'excès de cire n'est pas suffisamment enlevé, l'épreuve n'adhérera pas ou se décollera trop vite lors du séchage; si, au contraire, la glace n'était pas complétement ou pas suffisamment cirée, on ne pourrait plus la détacher sans la déchirer.

Employer autant que possible de bon verre, exempt de raies ou de bulles qui marquent sur les épreuves émaillées; le verre opaque ou la porcelaine sont préférables pour suivre le développement.

Pour les images demi-brillantes, les développer de préférence sur papier stéariné ou à la gomme laque (support flexible), en ayant soin de préparer la surface, chaque fois qu'on s'en est servi, avec la solution de cire et de résine dissoute dans la térébenthine, et rejeter ce papier de support lorsqu'il a servi trois ou quatre fois au plus.

Nettoyer avec soin les plaques métalliques grainées qui doivent servir au développement des épreuves mates, et les enduire chaque fois de la solution de cire et de résine dissoute dans la

térébenthine, afin que l'image se détache facilement, en conservant toute sa pureté.

Lorsqu'on a collodionné une glace, laisser toujours évaporer l'éther pendant deux ou trois minutes avant de la plonger dans une cuvette d'eau
fraîche, où elle devra séjourner jusqu'à ce qu'elle
soit complétement dégraissée.

Développement.

Avant de mettre le papier au charbon impressionné sur la glace collodionnée pour développer
l'image, le tremper dans une cuvette d'eau fraîche
pendant une ou deux minutes, jusqu'à ce qu'il ait
repris sa planimétrie ; mais ne jamais le laisser
se retourner, car il ne pourrait plus adhérer ; projeter toujours un peu d'eau sur la glace avant
d'y placer l'image.

Par les grandes chaleurs, refroidir l'eau dans
laquelle en plonge le papier mixtionné, en y intro-
duisant un morceau de glace.

Couvrir toujours d'une toile caoutchoutée les
épreuves qui sont sur la glace avant de frotter

avec la raclette pour chasser les bulles d'air et produire l'adhérence, tout en préservant le collodion de tout déchirement lorsqu'on opère sur glace.

Ne jamais arracher le papier violemment de la glace, mais le laisser tomber seul par la chaleur de l'eau, en l'aidant doucement, s'il y a lieu, lorsqu'il commence à se détacher, puis projeter l'eau avec la main pour enlever la couleur en excès et la gélatine insoluble, jusqu'à ce que l'image paraisse bien pure, vue par transparence.

Ne pas employer d'eau trop chaude, surtout avec un papier très-soluble, afin de conserver toutes les demi-teintes.

L'image au développement doit toujours paraître un peu faible, surtout quand elle est destinée à avoir le demi-brillant du papier albuminé, car elle remonte en séchant.

Lorsqu'une image est trop foncée par suite d'une trop longue exposition, on peut la laisser plusieurs heures dans l'eau chaude, où elle se réduit graduellement. On peut encore la réduire dans un bain alcalin de carbonate d'ammoniaque ou de cyanure de potassium.

Après le fixage à l'alun, l'image doit être vigoureusement lavée sous un fort robinet d'eau froide.

La solution d'alun pour fixage ne doit pas dépasser 1 ou 2 %, car si elle était trop concentrée, la gélatine deviendrait trop insoluble, et le papier de transport adhérerait difficilement ; il se produirait alors des myriades de points blancs d'apparence métallique.

Ne jamais faire sécher les épreuves trop vite après le développement, mais les placer, autant que possible, dans un courant d'air chaud.

Retouche des épreuves.

Les épreuves qui doivent avoir le brillant de l'émail sont repiquées par transparence sur la glace avant le transfert; celles que l'on veut conserver mates ou avec le demi-brillant de l'albumine pourront être retouchées après être détachées de la glace ou du support flexible.

Ne jamais retoucher une épreuve avant qu'elle soit parfaitement sèche, et laisser sécher la couleur avant d'appliquer le papier de transport.

Les images au charbon, mates ou demi-brillantes,

peuvent être retouchées avec la plus grande facilité, soit à l'encre de Chine, soit au crayon noir, à l'huile, ou à l'aquarelle ; dans ce dernier cas, il faut avoir soin d'enlever le corps gras qui se trouve à la surface, en frottant légèrement avec un tampon de flanelle imbibé de benzole ou d'essence de térébenthine pure.

Le coloris des épreuves au charbon qui doivent rester brillantes, se fait comme la grande retouche sur le verre, avec des couleurs à l'albumine qui ne se dissolvent pas dans l'eau, avant l'application du papier de transport.

Transport des épreuves.

Avoir soin que l'eau dans laquelle on trempe le papier de transfert soit assez chaude pour que la gélatine soit bien ramollie et collante, sans cependant qu'elle se dissolve ; car, dans le cas contraire, il n'y aurait pas adhérence complète et l'image serait couverte de points brillants après dessiccation.

Ne jamais mouiller l'épreuve à l'eau chaude

avant l'application du papier de transport, mais
à l'eau froide.

Montage des épreuves émaillées.

Employer de préférence du papier de transport
ordinaire dont on colle deux ou trois feuilles au
dos du papier de transfert, après avoir fait ramollir
la gélatine à l'eau chaude. Si on préfère se servir
de carton, avoir soin de le ramollir en le plaçant
pendant quelques instants dans un cahier de
papier buvard mouillé, et le coller ensuite au dos
de l'épreuve avec de la gomme arabique.

Albuminer les bords de la glace, ou tout au
moins bien les frotter pour enlever le collodion
et la cire, afin que le papier ne se détache pas
avant qu'il soit parfaitement sec.

Ne jamais monter les épreuves avant que le
papier de transport soit sec, car alors il y aurait
écrasement des reliefs de l'image et déplacement
des lignes.

Placer les épreuves montées debout ou à plat
sur des étagères, dans un courant d'air autant que

possible ou dans une pièce chauffée, afin que la dessiccation puisse se faire promptement et complétement.

Lorsque les images sont retirées de la glace, elles sont coupées de dimension avec un calibre, puis bombées, si on le juge convenable, et collées sur des cartons définitifs avec de la gomme arabique très-épaisse, que l'on met tout autour avec un pinceau ; on laisse pendant quelques minutes sous la presse, avec un bloc de bois creux pour empêcher l'aplatissement, puis on garnit de papier joseph.

Épreuves demi-brillantes.

Lorsqu'on a développé sur glaces collodionnées, il suffit d'appliquer le papier de transport sur l'image non retouchée, et de la détacher du support aussitôt qu'elle est sèche ; après quoi on coupe et on colle sur carton comme les photographies ordinaires sur papier albuminé, puis on retouche et on satine sans encaustiquer.

Pour les épreuves développées sur un support

flexible, lorsquelles sont détachées du support temporaire il faut les frotter avec la solution de cire dissoute dans la benzole, ou les couvrir d'une couche de vernis à la gomme laque, très-étendu d'alcool, puis les couper, les coller sur carton comme à l'ordinaire, et satiner à chaud ou à froid; on peut encaustiquer de nouveau, si cela est jugé nécessaire.

Épreuves mates.

Les épreuves qui doivent rester mates pour être retouchées à l'encre de Chine, au crayon ou à l'aquarelle, sont enlevées de leur support rigide, métallique ou autre, avec le papier de transport comme il a été dit précédemment, puis collées sur carton, satinées et retouchées. Celles que l'on veut colorier à l'aquarelle seront frottées sur toute la surface avec un tampon doux imbibé de benzole pure, afin d'enlever la cire qui repousserait la couleur à l'eau ; pour les autres, on pourra ajouter quelques gouttes d'huile d'olive dans la benzole.

Précautions.

Ne jamais tremper les mains nues dans le bain de bichromate de potasse lorsqu'on a des gerçures ou des coupures aux doigts; employer, dans ce cas, des gants en caoutchouc pour empêcher l'introduction du poison vénéneux, qui produirait des désordres dans l'organisme.

CHAPITRE IX

Multiplication des clichés par le procédé au charbon.

Dans bien des cas, la multiplication des clichés est d'une grande importance, pour la production en grand nombre d'images photographiques, soit aux sels d'argent, soit aux sels de chrome, que le cliché original serait impuissant à donner en peu de temps; d'autre part, lorsqu'on a un négatif précieux que l'on craint d'exposer journellement dans un châssis-presse, où il peut être brisé et abîmé, on sera heureux d'employer des contre-types susceptibles de fournir rapidement des épreuves dont la finesse et la valeur générale diffèrent très-peu du type original.

Quand on veut obtenir des clichés dans le même sens que le négatif type, on procède comme il a été expliqué précédemment pour produire un

10*

positif par transparence (voir page 65). Le négatif est bordé, tout autour, avec du papier noir, puis exposé dans un châssis-presse avec un morceau de papier au charbon peu chargé en gélatine, de manière à éviter les épaisseurs, mais contenant une proportion importante de matière colorante rouge parfaitement broyée et filtrée.

On devra employer, pour ce travail, un papier au charbon préparé spécialement, car, si la mixtion contenait peu de matières colorantes, l'image manquerait d'intensité; si, au contraire, elle était trop chargée en couleur, l'épreuve serait plus vigoureuse, mais aussi, elle manquerait de finesse.

La sensibilisation de la mixtion colorée se fait de la même manière que pour le travail ordinaire; mais, au sortir du bain de bichromate, le papier au charbon est posé à plat sur un verre poli bien propre, la mixtion en contact avec le verre sur lequel on la fait adhérer en passant au dos la raclette en caoutchouc; après cinq minutes d'application, on détache la feuille de la glace et on la met à sécher. Cette opération a pour but de donner à la couche sensible une surface plus fine et plus plane avant l'impression sous le cliché.

Le temps d'exposition varie, naturellement,

selon l'intensité du cliché et de la lumière, mais il doit être poussé assez loin pour que tous les détails du dessin soient parfaitement imprimés et que l'image, vue par transparence, donne une excellente positive lorsqu'on la regarde derrière un verre dépoli. Par approximation, on peut calculer que l'insolation doit être au moins double de ce qu'elle serait pour une image destinée à être transportée sur papier.

Le développement se fait, comme il a été indiqué précédemment, sur glace collodionnée, mais sans qu'il soit nécessaire de la cirer; après dessiccation, cette épreuve positive, que l'on peut retoucher si on le juge convenable, est exposée à la lumière, en contact avec une nouvelle feuille de papier mixtionné, semblable à la précédente; mais, alors, le temps d'exposition doit être beaucoup plus court que dans la première opération, afin que le négatif qui en résultera possède des noirs transparents et des blancs vigoureux, car il ne sera réellement bon qu'autant qu'il aura les effets du cliché original, non comme teinte, mais comme harmonie. Une simple opération servira, mieux que toutes les descriptions, à fixer définitivement l'opérateur sur ce point.

Le négatif obtenu, il se trouve très-rarement à sa valeur, à moins qu'il ne soit le résultat d'une positive très-dure obtenue aux sels d'argent; généralement, au contraire, le négatif est gris d'effet et de force; pour lui donner l'intensité voulue, on se sert d'un bain composé de :

Eau ordinaire...................... 250 c. c.
Permanganate de potasse........ 2 grammes.

Ce liquide, filtré ou non, est mis dans une cuvette plate avec le cliché à intensifier, qui, en peu d'instants, change de teinte en virant au jaune orange plus ou moins foncé, selon la quantité de permanganate contenue dans la solution.

Cette opération peut se faire en pleine lumière, et un cliché traité ainsi prendra, en peu d'instants, une teinte antiphotogénique qui lui donnera toute l'intensité qu'on pourra désirer; l'opération sera terminée par un bon lavage à l'eau froide.

Dans certains cas faciles à juger, la positive elle-même pourra être renforcée avec le même bain de virage avant l'impression du négatif; mais il est généralement préférable d'employer un positif détaillé et harmonieux, et de renforcer le cliché.

On doit surveiller avec soin l'action du permanganate, qui agit assez rapidement sur la gélatine.

Comme on a la faculté de renouveler cette opération autant de fois qu'on le juge convenable, il vaut mieux arrêter l'action du renforçage trop tôt que trop tard, pour ne pas avoir un cliché dur et heurté.

Le permanganate de potasse ayant la propriété de rendre la gélatine complétement insoluble, il est inutile de fixer à l'alun ; mais, si le cliché devait tirer un grand nombre d'épreuves positives, on pourrait le vernir.

Les clichés résultant de cette méthode possèdent toute la finesse du négatif original, et s'impressionnent beaucoup plus rapidement que les négatifs aux sels d'argent.

On peut encore renforcer convenablement les clichés obtenus sur gélatine au moyen de la solution suivante :

SOLUTION N° 1.

Eau chaude........................	1 litre.
Acide gallique....................	30 grammes.

SOLUTION N° 2.

Sulfate de fer....................	40 grammes.
Acide acétique...................	40 —
Eau ordinaire....................	1 litre.

L'acide gallique étant peu soluble dans l'eau froide, le liquide doit être chauffé jusqu'à dissolution complète de l'acide; au moment de s'en servir, on plonge l'épreuve à renforcer dans une cuvette contenant une quantité suffisante de la solution ferrique pour la recouvrir, puis, après un instant d'immersion, on lave et on recouvre le cliché de la solution d'acide gallique; on peut alterner ainsi jusqu'à intensité suffisante.

Si on veut obtenir, par ce procédé, des clichés *retournés* pour être tirés au charbon par transport simple, l'opération du positif sera la même que précédemment, mais le développement se fera sur une glace transparente *collodionnée et cirée;* puis, aussitôt après le dépouillement de l'image, et alors qu'elle est encore humide, on la recouvrira de deux ou trois couches successives de gélatine tiède à 10 %. Lorsque la gélatine a fait prise, on plonge la plaque pendant quelques minutes dans un bain d'alun à 5 %, puis on abandonne à la dessiccation et on recouvre, en dernier lieu, d'une couche de collodion normal.

La pellicule est alors détachée de son support en passant une pointe de canif tout autour, et il suffit, pour obtenir des clichés négatifs, de procéder comme il a été expliqué précédemment, en ayant soin de mettre le papier mixtionné en contact avec le côté du positif qui était adhérent à la glace lorsqu'on l'expose à la lumière dans un châssis.

On aura donc, dans ce cas, un positif par transparence pelliculaire qui pourra servir à faire des clichés négatifs, soit à l'endroit, soit à l'envers.

Multiplication des clichés par le collodion humide en employant une positive au charbon.

Les deux méthodes que nous venons d'indiquer trouveront dans bien des cas une utile application ; mais il en est une troisième dont nous conseillons plus spécialement l'emploi, car il permet d'obtenir, avec la même facilité, des clichés retournés ou redressés, dont la finesse et la valeur négative ne laissent rien à désirer, tout en permettant de modifier la dimension primitive du négatif original, en le diminuant ou en l'augmentant dans une petite proportion ; on obtiendra même, par ce moyen, des clichés agrandis aussi parfaits que possible.

Pour cela, le positif par transparence au charbon résultant du cliché à reproduire, est mis en contact avec un verre opaque et placé à la partie antérieure d'une chambre noire que l'on braque sur une fenêtre garnie de verres dépolis ; on dirige alors un objectif par le côté opposé, en ayant soin que la lumière ne puisse pas pénétrer autrement que par l'image transparente, et on fait un cliché au collodion humide à la façon ordinaire, qui sera dans le sens du négatif original si la pellicule du positif se trouve tournée en dehors, et sera retourné si au contraire elle regarde l'objectif pendant l'opération.

On pourra modifier la valeur du cliché original et le rendre plus ou moins doux ou vigoureux, selon que le positif par transparence sera plus ou moins posé et possédera plus ou moins de détails ; comme on peut renforcer ces clichés à volonté, il sera toujours facile de leur donner l'intensité désirée.

En opérant avec soin, on obtiendra souvent, par ce procédé, des clichés meilleurs que le négatif original.

L'application du verre opaque au dos de l'image positive a pour effet de donner plus de douceur et d'harmonie au cliché, mais aussi il enlève une grande quantité de lumière, ce qui oblige à un temps de pose assez long; on pourra donc le supprimer lorsqu'il fait sombre ou que le positif est uniforme de tons; dans ce cas, le verre dépoli placé devant la fenêtre, à quelque distance du négatif, suffira pour diffuser la lumière.

CHAPITRE X

Des clichés pelliculaires ou retournés.

Lorsqu'on veut obtenir des épreuves au charbon par un seul transport en développant l'image sur son support définitif, il faut, comme nous l'avons dit, qu'elle soit imprimée par le côté opposé au collodion, pour se trouver ensuite dans son vrai sens.

Pour tous les négatifs qui doivent être imprimés par contact, on doit donc retourner le négatif lorsqu'on l'exécute (et nous indiquerons pour cela deux moyens excellents), ou l'enlever de son support rigide pour le transformer en une pellicule transparente et mince, qui permette d'imprimer de l'un ou de l'autre côté avec la même netteté.

Dans le chapitre précédent, nous avons fait

connaître un excellent procédé, selon nous, pour obtenir des clichés retournés ou non d'après un négatif déjà fait ; dans bien des cas, on pourra l'employer avec beaucoup d'avantage pour le tirage des épreuves positives au charbon par simple transport.

Clichés retournés.

Le moyen le plus simple pour obtenir d'emblée un cliché retourné dans la chambre noire, est l'emploi d'un prisme à la partie antérieure de l'objectif ; cet instrument, dont on se servait pour redresser les images daguerréennes, se compose d'une glace plane argentée, fixée dans une monture qui s'adapte à la place du bouchon de l'objectif, de façon que le miroir se trouve placé à un angle de 45°, par rapport à l'axe de la lentille.

Pour opérer avec un prisme, la chambre noire est dirigée de telle façon que le miroir de ce prisme puisse refléter l'image dans l'objectif, qui formera donc avec elle un angle de 90°.

Comme la lumière réfléchie n'est pas aussi actinique que la lumière directe, les clichés faits par ce moyen nécessiteront un quart plus de pose environ que ceux produits par l'objectif dirigé sur le modèle; cet inconvénient, qui est assez sensible pour le portrait dans un atelier vitré, devient très-peu important, et même insignifiant, lorsqu'on opère sur des natures mortes, pour le paysage ou des reproductions.

Il est facile de construire un prisme pouvant s'adapter à tous les objectifs; il suffit pour cela que l'ouverture soit d'une dimension telle que l'orifice du plus grand objectif de l'atelier s'ajuste parfaitement avec la rondelle de l'appareil, sur lequel on pourra monter ensuite autant de rondelles que l'on voudra pour le fixer aux objectifs de moindre grandeur.

Le second moyen pour obtenir des clichés retournés, consiste à exposer la plaque sensible dans la chambre noire par le côté opposé au collodion, l'image projetée par l'objectif doit alors traverser la glace avant d'arriver à la couche d'iodure d'argent.

La construction d'un châssis spécial est indispensable pour opérer de cette manière, car les glaces n'ayant pas toutes la même épaisseur, le foyer serait déplacé si on se contentait de retourner la glace sensible dans un châssis ordinaire. Il faut donc que la glace dépolie soit ajustée de façon que son foyer coïncide exactement avec les coins du châssis, qui, eux, doivent se trouver en arrière, et la glace introduite par devant est alors maintenue par les quatre angles postérieurs au moyen de ressorts en argent.

Les clichés obtenus de cette façon donnent des résultats presque aussi bons que les autres, mais le temps d'exposition est également un peu plus long, à raison de l'épaisseur du verre que doit traverser la lumière pour arriver jusqu'à la couche sensible.

En somme, les deux moyens que nous venons d'indiquer pourront, dans bien des cas, rendre d'excellents services pour tous les clichés à faire. Nous allons indiquer maintenant le moyen d'utiliser les clichés déjà faits, en les détachant de leur support rigide pour les conserver en pellicules susceptibles d'être imprimées au recto et au verso.

Clichés pelliculaires.

Dans la 2ᵉ édition de notre *Traité de photographie*, nous avons donné, d'après M. Rousselon, un procédé aussi parfait que possible, pour enlever les clichés de la glace sur laquelle ils ont été faits ; nous allons le remettre sous les yeux du lecteur, avec quelques perfectionnements apportés depuis la publication de cet ouvrage, puis nous ferons connaître un autre moyen plus simple encore qui ne laisse pas que de donner de très-bons résultats lorsqu'on l'applique avec quelque attention.

La première opération consiste à dévernir les clichés avec la liqueur suivante :

Faire dissoudre 8 grammes de potasse caustique et 4 décigrammes de carbonate de potasse dans 170 centilitres d'eau distillée, et verser ensuite sur cette dissolution 500 centilitres d'alcool à 40 degrés.

Le vernis à la gomme laque se dissout facilement au moyen de cette liqueur ; d'autres, tels que le vernis Sœhnée, nécessitent une proportion plus grande de potasse.

On peut se servir d'une cuvette ou verser le liquide sur la glace tenue à la main. Lorsque le cliché est complétement déverni, ont doit le laver et le plonger ensuite dans une cuvette remplie d'eau distillée additionnée de 2 % d'acide chlorhydrique, et le retirer aussitôt qu'on aperçoit se soulever un des coins du collodion ; on termine par un lavage soigné à l'eau pure et on laisse égoutter.

Lorsque le cliché est parfaitement sec, on l'expose à la vapeur d'eau, au-dessus d'un vase rempli d'eau en ébullition, jusqu'à ce qu'il soit entièrement recouvert des buées de cette vapeur, et on verse alors à la surface une couche de gélatine chaude à 15 % d'eau, dans laquelle on a ajouté de la glycérine et du chrome alun dans la proportion suivante :

```
Eau filtrée........................... 1 litre.
Gélatine.............................. 150 grammes.
Glycérine (selon la saison)........... 10 à 20 grammes.
Solution à 10 % d'alun de chrome... 100 centilitres.
```

On met d'abord la gélatine à gonfler dans l'eau froide, puis on élève la température jusqu'à dissolution complète ; on ajoute alors la glycérine, et ensuite la dissolution de chrome alun, qui doit être versée très-doucement, en ayant soin de remuer continuellement le liquide, afin d'éviter que la gélatine se mette en pâte.

Lorsque la couche de gélatine est bien sèche, ce qui nécessite de douze à vingt-quatre heures, selon la température, on recouvre le cliché de collodion normal contenant 1 % d'huile de ricin; après dessiccation complète, on coupe les bords autour de la glace, et la pellicule est enlevée avec la plus grande facilité. Ce cliché peut alors être conservé pour l'usage dans un portefeuille, où il est maintenu à plat.

Si le cliché avait quelque trou, il faudrait, avant de le recouvrir de gélatine, avoir soin de toucher les vides avec un pinceau trempé dans du fiel de bœuf, pour éviter que la gélatine pénètre jusqu'à la glace et empêche le décollement dans ces endroits.

Le second moyen d'obtenir des clichés pelliculaires consiste à appliquer sur le négatif non verni ou déverni une feuille mince de gélatine du commerce, dite gélatine des confiseurs, d'une épaisseur moyenne.

Pour cela, on coupe une feuille de gélatine de la dimension du cliché, et on la trempe dans l'eau tiède pendant quelques instants pour la ramollir; lorsqu'elle devient collante au doigt, on la place dans une cuvette plate contenant un bain d'alun à 3 %. Le cliché non verni ou déverni est glissé sous la gélatine, de façon qu'elle se trouve en contact sous l'eau avec le côté collodionné, et on enlève la glace portant la couche de gélatine détrempée et insoluble; on laisse égoutter, puis on étend bien la gélatine, pour qu'elle ne fasse aucun pli, et on abandonne à la dessiccation; après quoi on collodionne ainsi qu'il a été dit plus haut, et la pellicule portant le cliché se détache du verre avec la plus grande facilité.

Il faut éviter le séchage dans un endroit chauffé, car la pellicule se détacherait trop tôt et serait cornée.

Ce procédé demande une certaine habitude pour l'application de la gélatine, sans rides, sur l'image, mais en peu de temps on sera familiarisé avec son emploi et on le trouvera facile dans bien des cas, car il s'agit ici d'un simple tour de main.

DEUXIÈME PARTIE

CHAPITRE PREMIER

Agrandissements avec clichés au charbon.

Tous ceux qui font de la photographie savent combien la question d'optique laisse à désirer lorsqu'il s'agit de faire des portraits dépassant le format de la carte ou de la carte-album. La longueur du foyer, qui nécessite un temps de pose extrêmement long, surtout en hiver, permet rarement d'obtenir de grands portraits directs possédant la netteté et la finesse de ceux dont la dimension ne dépasse pas le format carte de visite.

D'autre part, les agrandissements par la chambre

solaire, qui ont rendu de très-grands services, deviennent aujourd'hui insuffisants par l'absence fréquente du soleil, et dans tous les cas extrêmement dispendieux par suite de la retouche sans laquelle ils sont inacceptables, lorsque surtout on opère sur des reproductions dont on veut produire un certain nombre d'exemplaires.

Il y a deux ans environ, M. Lambert a publié un très-bon procédé qui consiste à faire un positif par transparence au charbon, par contact avec le petit négatif original, et à transformer le petit positif en un grand cliché au collodion humide que l'on recouvre de chaque côté d'une feuille de papier minéral, sur lequel on peut retoucher et intensifier les noirs avec une grande facilité.

Cette méthode, qui permet d'obtenir rapidement et par tous les temps, des portraits de toutes dimensions d'un fini et d'un modelé irréprochables, même lorsqu'on opère par reproduction d'après des clichés ou des épreuves très-défectueuses, peut être remplacée par celle que nous allons décrire, et qui donne des résultats excellents.

Du matériel et de l'organisation
de l'atelier.

Le matériel employé pour faire des clichés agrandis ne diffère en rien de celui dont on se sert dans tous les ateliers de photographie ; aucun appareil spécial, aucune chambre noire de grande dimension n'est nécessaire, tout est simple et par conséquent économique.

Toutes les opérations se font dans une chambre-laboratoire assez spacieuse pour pouvoir travailler à l'aise. Ce laboratoire, éclairé du côté nord par deux fenêtres dont les carreaux transparents sont remplacés par des verres ou du papier jaune, est garni de chaque côté de larges tables et de tablettes, d'un bassin conique en bois, garni de zinc ou de plomb intérieurement, destiné au développement, dont la dimension est d'environ 1^m25 de côté sur une profondeur de 0^m70, avec un tuyau de dégagement au centre pour conduire les eaux à l'extérieur, et une tige en fer ayant comme longueur la moitié du diamètre de la cuvette, dont l'extrémité est garnie d'un manchon en caoutchouc sur lequel la plaque est posée pendant le développement; cette tige, encastrée au moyen d'une douille à l'un des angles de la cuvette, peut tourner horizontalement; à côté se trouve un réservoir à eau muni d'un tuyau à genouillère en col de cygne, avec pomme d'arrosoir, pour le lavage des clichés, le tout placé près d'une des deux fenêtres, dont la lumière jaune peut être masquée, lorsque cela est nécessaire, au moyen de stores en étoffe noire qui se lèvent et s'abaissent à volonté en s'enroulant sur des tringles placées à la partie supérieure du châssis.

Les opérations de l'agrandissement se font en prenant la lumière par la seconde fenêtre; pour cela, on conserve un carreau transparent ou dépoli en face duquel on adapte, à la partie extérieure de la fenêtre, une glace de 40×90 centimètres, que l'on peut faire mouvoir verticalement en l'élevant ou en l'abaissant à volonté, et qui sert de réflecteur, pour augmenter l'éclairage de l'épreuve négative destinée à être amplifiée; il suffit de prendre un miroir ordinaire, monté dans un cadre en bois, et de fixer deux pitons à l'une de ses extrémités; deux autres pitons sont vissés dans le bois de la fenêtre à la partie inférieure, et on passe dans le tout une tringle en fer sur laquelle le réflecteur peut basculer à volonté au moyen d'une corde que l'on attache à l'autre extrémité du miroir, et qui communique à l'intérieur du laboratoire par un trou placé à la partie supérieure de la fenêtre.

Le carreau transparent ou dépoli en face de ce réflecteur est occupé entièrement pendant l'opération du grandissement par une petite chambre noire à soufflet plaque normale, montée sur un pied d'atelier quelconque, qui forme tout le matériel nécessaire pour faire ce travail ; la partie arrière de cette chambre noire, garnie d'un châssis avec intermédiaires 1/2 et 1/4 de plaque, qui servent de support pour les clichés à agrandir, est tournée, pendant l'opération, du côté de la fenêtre, et rapprochée autant que possible du carreau, pour intercepter toute lumière autour pendant l'opération. L'avant de la chambre, regardant l'intérieur du laboratoire, est muni d'un bon objectif 1/2 plaque ou d'un aplanétique d'un foyer en rapport avec la dimension de la petite image à amplifier, c'est-à-dire de 12 à 18 centimètres environ, monté à crémaillère pour faciliter la mise au point rigoureuse.

Le matériel se complète par un chevalet vertical

à reproduire avec vis calante à l'un des pieds, dont la tablette peut s'élever à volonté au moyen d'une vis sans fin ; sur cette tablette on place une sorte de boîte longue et étroite, faite en zinc, garnie de verre à l'intérieur, qui sert de récipient pour le liquide s'écoulant des plaques sensibles lorsqu'elles sortent des bains d'argent ; cette boîte, de 80 centimètres de longueur environ sur 8 centimètres de largeur et 5 de hauteur, dont l'une des extrémités est garnie, à la partie inférieure, d'un tuyau d'écoulement qui permet au liquide argentique de tomber dans un vase pour être recueilli, doit être munie à l'intérieur de deux supports à rainures en gutta-percha, sur lesquelles on pose la partie inférieure de la glace sensible pendant l'exposition, la partie supérieure étant maintenue verticalement, ou légèrement inclinée si cela est nécessaire, par la presse en bois à vis, qui glisse sur la tige centrale du chevalet qui, elle-même, est également garnie de rainures.

Comme on opère sur des glaces de dimensions plus ou moins grandes, on doit avoir des cuvettes horizontales proportionnées à la dimension de ces glaces pour la sensibilisation et le fixage, des flacons pour collodion à très-large ouverture et d'une capacité de 500 c. c. environ, des éprouvettes pouvant contenir un litre de bain révélateur ; en un mot tout le matériel que l'on emploie dans un atelier photographique disposé pour faire de grands clichés.

On aura une série de glaces de toutes dimensions recouvertes de papier blanc pour servir à la mise au point et pour déterminer la grandeur exacte de l'épreuve à reproduire et la position que devra occuper la glace sensible lors de son exposition.

Opérations pour obtenir une positive par transparence agrandie d'après un petit négatif.

Dans le procédé de M. Lambert, que nous venons de citer, on fait sur le cliché original un positif par transparence au charbon et par contact, qui se trouve par conséquent de la même dimension que le négatif, et on transforme ce petit positif transparent en un cliché agrandi au collodion humide, à la dimension que l'on désire;

12*

ce cliché est ensuite recouvert de chaque côté, lorsqu'il est sec, d'une feuille de papier minéral translucide, et retouché, renforcé, etc., etc., au goût de l'opérateur, puis imprimé soit aux sels d'argent, soit aux sels de chrome, selon qu'il a été fait dans son vrai sens ou retourné.

Ici nous procédons d'une façon complétement différente, puisque nous devons faire, d'après le petit cliché original, un positif par transparence agrandi au collodion humide, lequel sera transformé, après retouche, en un cliché de même dimension, soit au charbon, soit au collodion sec, en imprimant par contact, ainsi que nous l'avons indiqué en 1873 à tous les licenciés du procédé aristotype.

Pour le premier procédé, il suffit d'obtenir un petit positif par transparence au charbon, comme il a été indiqué page 65, et de le placer dans le châssis de la chambre à amplifier, la pellicule en dehors, si on veut imprimer le grand cliché aux sels d'argent ou au charbon par double transport, ou la pellicule en dedans, c'est-à-dire regardant l'objectif, si le tirage définitif doit être fait au charbon par transport simple, puis à faire le cliché agrandi d'après ce positif en opérant par le collodion humide.

Pour le second procédé, que nous allons décrire complétement, on place au contraire le petit cliché dans le châssis de la chambre noire, le collodion en dehors, si on veut obtenir en dernier lieu un grand négatif au charbon pouvant donner une image définitive, redressée en opérant par double transport, ou par les sels d'argent; le petit cliché serait, au contraire, tourné le collodion en dedans; si l'on devait imprimer au charbon par transport simple.

On règle alors la dimension de l'épreuve en reculant plus ou moins le chevalet portant la glace-écran sur laquelle on met au point, puis on prépare une glace au collodion humide, qui, une fois sensibilisée, est mise à la place exacte qu'occupait la glace-écran sur le chevalet; l'objectif est découvert et l'image, projetée par la lentille amplifiante, s'imprime plus ou moins rapidement, selon l'actinisme de la lumière, l'intensité du cliché, le diaphragme de l'objectif, etc. Le temps d'exposition peut donc varier de 1 à 15 minutes, mais il devra toujours être assez prolongé pour que l'image, vue par transparence, soit parfaitement détaillée et que les moindres demi-teintes soient apparentes, car, s'il en était autrement, le négatif serait dur et heurté ; c'est pourquoi il est préférable de dépasser le temps de pose que de rester en dessous.

Un bon collodion ordinaire convient parfaitement pour ce genre de travail, pourvu qu'il soit assez fluide pour s'étendre sans stries sur des glaces de grandes dimensions ; nous donnons ci-dessous la formule dont nous nous servons aussi bien pour les positifs que pour les négatifs agrandis, et qui nous a toujours donné de très-bons résultats :

COLLODION NORMAL.

Éther sulfurique à 65 degrés........	550 c. c.
Alcool rectifié à 40 degrés..........	350 c. c.
Coton azotique à basse température.	4 grammes.
— — à haute température.	5 —
Liqueur sensibilisatrice ci-dessous..	100 c. c.

LIQUEUR SENSIBILISATRICE.

Alcool à 40 degrés...................	1 litre.
Iodure d'ammonium..................	33 grammes.
— de cadmium...................	33 —
— de sodium cristallisé.........	33 —
Bromure de cadmium...............	50 —

Ce collodion, que l'on rendrait plus fluide au besoin, par l'addition d'un peu d'éther et d'alcool, est meilleur lorsqu'il est préparé depuis quelques semaines ; dans certains cas, on pourra y ajouter une petite proportion de vieux collodion rougi devenu impropre au travail de l'atelier par son manque de corps et de sensibilité.

Le bain négatif ne doit pas dépasser le titre de 7 à 8 %; on l'acidulera au besoin, afin que le positif transparent soit bien détaillé et fouillé dans les noirs, et, avant de s'en servir, on l'exposera pendant quelques heures en pleine lumière. Lorsqu'on a sensibilisé un certain nombre de plaques dans ce bain, on doit le remettre à son titre en y ajoutant l'argent nécessaire ; mais, avant de l'employer, il faut toujours l'exposer au soleil pour précipiter les matières organiques, qui resteront ensuite sur le filtre.

Le bain révélateur se compose de :

Eau distillée ou de pluie...............	1 litre.
Sulfate de fer ammoniacal............	30 grammes.
— de cuivre..................	10 —
Alcool à 36 degrés.................	30 c. c.
— métylique...................	15 c. c.
Acide acétique cristallisable........	20 c. c.

La glace, nettoyée par les moyens habituels, est collodionnée du côté *convexe*, puis sensibilisée et exposée au lieu et place de l'écran en papier blanc collé sur un verre, qui a servi à la mise au point.

Le collodionnage, qui semble très-difficile à première vue lorsqu'on a à opérer sur de très-grandes surfaces, est extrêmement facile lorsque la glace est posée, par son centre, sur une sorte de pivot, une bouteille par exemple, qui permet de lui donner l'inclinaison désirée.

Lorsqu'on juge le temps d'exposition suffisant, la plaque est posée de nouveau sur le pivot placé au milieu de la cuvette à développement, et on la couvre, d'un seul coup, du révélateur indiqué ; quand tous les détails de l'image sont parfaitement venus, et qu'elle a été convenablement renforcée, on lave avec soin, puis on fixe dans une cuvette remplie d'une dissolution d'hyposulfite de soude à 25 %, et on termine par un lavage abondant ; puis on recouvre de deux couches de gomme à 10 % et on laisse sécher. Dans certains cas, lorsque le positif est gris et empâté, il est préférable de le renforcer après fixage, afin de lui donner plus de transparence.

Après dessiccation, cette image positive par transparence est retouchée si on le juge convenable, puis vernie, et enfin exposée dans un châssis-presse avec une feuille de papier mixtionné, après avoir eu soin de border la glace tout autour avec une bande de papier noir ou jaune d'environ 1 centimètre de largeur.

Cliché au charbon.

Pour l'obtention du cliché au charbon, on choisira de préférence un papier mixtionné très-chargé en matières colorantes, afin d'avoir plus d'intensité dans les noirs, et le temps d'exposition devra être calculé au photomètre, de façon que les moindres demi-teintes soient bien apparentes, sans cependant que les parties transparentes se trouvent voilées.

Le développement se fait sur verre collodionné, mais non ciré, absolument comme cela a été décrit dans la première partie de cet ouvrage; après avoir fixé par l'alun et lavé en dernier lieu, l'image est abandonnée à la dessiccation, puis renforcée avec la dissolution de permanganate de potasse, ainsi que nous l'avons expliqué en détail, page 116. Il suffit alors de placer ce cliché dans un châssis-presse avec une feuille de papier sensibilisé, soit aux sels d'argent, soit aux sels de chrome, pour obtenir une bonne épreuve positive que l'on monte et que l'on retouche comme à l'ordinaire, si on le juge convenable.

Dans certains cas, si l'image négative au charbon était beaucoup trop faible pour donner une bonne épreuve positive, même après l'intensification par le permanganate de potasse, on pourrait, d'après le grand positif par transparence, imprimer une image négative sur une feuille de papier très-mince au chlorure d'argent, qui serait fixée sans être virée, puis on la collerait au dos du cliché au charbon pendant qu'elle est encore humide, en passant un peu de gomme forte sur les bords du papier, qui sera tendu comme une peau de tambour après dessiccation ; il va sans dire que les deux images doivent se trouver superposées d'une façon exacte, pour que les lignes ne se trouvent pas doublées lors du tirage de l'épreuve positive.

Si l'intensité était alors trop grande, il suffirait de rendre le papier transparent avec un mélange par parties égales de baume de Canada et de blanc de baleine mêlé à la cire vierge, étendu au dos avec un fer chaud. Les clichés, traités ainsi, ont une grande harmonie et possèdent toutes les qualités des négatifs sur papier, sans en avoir les défauts.

La combinaison des deux clichés superposés permet d'en modifier la valeur; ainsi, lorsque le négatif au charbon manque de détails par suite d'une exposition trop courte, on aura soin que le cliché-papier soit surexposé; quand, au contraire, le premier négatif est uniforme et gris, on lui donnera une plus grande valeur en le doublant d'un cliché-papier très-faible, de façon que les noirs soient très-transparents.

Pour les clichés agrandis provenant de reproductions de cartes, on aura soin que le cliché-papier soit faiblement exposé sous le positif, mais on pourra teinter le fonds et les grands noirs par la lumière au sortir du châssis afin d'atténuer le grain du papier, et ce cliché, ainsi obtenu, sera fixé cette fois sur le côté de l'image du négatif au charbon au lieu d'être placé du côté opposé; mais, dans ce cas, la juxtaposition devra être aussi exacte que possible pour éviter que les lignes soient doublées.

Lorsque ce travail est fait avec soin, il abrége de beaucoup la retouche du cliché et celle de l'épreuve positive sur papier.

CHAPITRE II

Agrandissements au charbon par la chambre solaire.

En raison de la grande sensibilité du papier au charbon, les agrandissements par la chambre solaire deviennent beaucoup plus faciles que quand on devait employer le papier au chlorure d'argent; c'est pourquoi nous allons donner quelques conseils pour l'emploi de cette méthode, dont les résultats sont supérieurs comme finesse, transparence et propreté, dans les fonds surtout, à tout ce qu'on peut obtenir par d'autres procédés, lorsque le soleil permet de l'employer.

Les opérations pour sensibiliser et sécher le papier au charbon sont les mêmes que celles décrites dans la première partie de cet ouvrage, mais le développement se fait presque toujours sur papier gélatiné aluné, qui sert de support définitif à l'épreuve, sans employer le double transport, tout à fait inutile dans ce cas, puisqu'il suffit de retourner le petit cliché dans l'appareil solaire pour que l'image se trouve naturellement redressée.

La question la plus importante est celle du temps d'exposition, c'est pourquoi le photomètre joue le rôle principal pour ce genre de travail; mais comme on opère par la lumière transmise et quelquefois réfléchie, lorsqu'on se sert d'appareils à réflecteurs, on comprendra que le degré photométrique doit être calculé et noté selon la distance focale de l'objectif, c'est-à-dire son éloignement de l'image, et par conséquent selon la dimension de celle-ci.

Le photomètre, dans ce cas, est placé à l'une des extrémités du papier sensible, dans le cercle lumineux produit par le faisceau des rayons solaires projeté par la lentille collectrice et l'objectif amplifiant.

Un essai préalable sur une petite bande de papier au charbon fixera l'opérateur sur le nombre de teintes à donner pour l'impression exacte d'une épreuve agrandie d'après un petit cliché, selon la dimension et la longueur focale de l'objectif.

CHAPITRE III

Substitution des fonds photographiques par clichés simultanés.

Nouveau procédé pour substituer aux fonds factices des ateliers, des fonds faits d'après nature ou autres, permettant de représenter un ou plusieurs personnages dans un site quelconque, un paysage choisi, etc., etc.; on peut le faire figurer au bord de la mer avec un horizon immense émaillé de navires dans le lointain, sur un champ de bataille, dans une église, dans un théâtre, dans un boudoir ou un salon, à cheval, en voiture ; enfin, dans toute position ou costume qu'il conviendra de substituer à ce qui existe, bien que le personnage ait été fait dans l'atelier d'un photographe sur un fond uni, et cela avec un seul tirage (soit aux sels d'argent, soit aux sels de chrome), fait sur un cliché unique et sans raccord.

INTRODUCTION

Lorsqu'on veut représenter un personnage dans un site quelconque, par les moyens connus aujourd'hui en photographie, on fait poser ce personnage dans le site désigné, ou bien on opère par substitution, au moyen de silhouettes, l'image s'imprime alors en deux tirages, ou bien on fait poser le modèle devant une toile peinte représentant plus ou moins bien le paysage ou le site désiré.

Le premier moyen est presque toujours impraticable, et, dans tous les cas, très-coûteux; l'exécution du second est fort longue et peu pratique, surtout lorsqu'il s'agit d'une édition importante, outre la difficulté de faire disparaître les lignes de raccord, quand on imprime surtout par le procédé au charbon, qui ne permet pas de voir les contours de l'image; enfin, le troisième moyen donne des résultats fort peu satisfaisants, en raison du peu de profondeur de foyer des objectifs à portraits, et aussi parce que les fonds en décor, dont on se sert dans les ateliers photographiques, ne peuvent produire l'illusion des sites faits sur la nature elle-même, par suite du manque de perspective.

Nous n'avons pas l'intention d'entrer dans des détails scientifiques, cela nous entraînerait trop loin du but que nous nous proposons, qui est de décrire clairement, méthodiquement, et surtout pratiquement, la nouvelle méthode dont nous avons donné l'énoncé plus haut, afin d'éviter aux praticiens des recherches longues et fatigantes qui feraient perdre un temps précieux.

Nous espérons donc qu'il suffira à tout photographe expérimenté de lire attentivement la description que nous donnons plus loin pour arriver vite et bien à un excellent résultat, s'il tient compte exactement de toutes nos observations, et s'il suit à la lettre toutes les formules que nous indiquons, car il n'y a aucune raison pour qu'une opération chimique et mécanique qui réussit dans les mains d'un manipulateur ne réussisse pas dans d'autres mains; mais il faut pour cela, comme pour toute autre chose, de l'adresse, du soin, du goût et, par dessus tout, de la persévérance.

Principe sur lequel repose ce procédé.

Ce qui forme la base du procédé que nous allons décrire est la gomme bichromatée.

La gomme, comme on le sait, est hygrométrique, mais si on expose à la lumière une surface gommée et bichromatée sous un cliché, les parties insolées deviennent insolubles, tandis que les parties préservées par les noirs du cliché restent hygrométriques, et cela en raison de l'insolation.

Si donc on passe un blaireau contenant une poudre quelconque à la surface d'une glace recouverte d'une couche de gomme bichromatée et préalablement exposée sous un cliché négatif, cette poudre adhérera plus ou moins sur la couche, selon que l'action lumineuse aura rendu certaines parties plus ou moins hygrométriques, et formera ainsi l'image désirée.

Ces notions préliminaires sont suffisantes pour faire comprendre au photographe ce qui va suivre.

Notions préliminaires.

Fonds d'après nature, dessins, lithographies, etc., etc.

Perspective.

Pour que le cliché d'un paysage ou autre sujet devant servir à produire le fond d'un autre cliché sur lequel figurent un ou plusieurs personnages dans une position déterminée, soit dans les meilleures conditions possibles de perspective, il faut que la ligne des yeux du personnage, lorsqu'il est debout, se trouve à la hauteur de l'horizon.

Ne pouvant pas nous étendre trop longuement sur ce sujet, nous engageons ceux de nos lecteurs qui ne sont pas familiarisés avec ce genre de dessin, de consulter les traités élémentaires de la perspective, afin de pouvoir placer le modèle dans une position convenable; dans tous les cas, il suffira de faire, d'après nature, un paysage dans lequel se trouveront groupés plusieurs personnages à des distances plus ou moins rapprochées de l'objectif, pour se rendre compte de la perspective, et pour avoir alors un modèle pouvant servir de point de comparaison.

Opérations.

Étant donné un cliché de paysage ou autre devant servir de fond, on fait une épreuve positive soit aux sels d'argent, soit aux sels de chrome, dont on décalque les principaux contours sur un papier végétal que l'on applique sur la glace dépolie de la chambre noire, afin de déterminer la position et la grandeur à donner au sujet, aussi bien que l'endroit exact où il doit être placé, en ayant soin de remarquer que, dans ce travail, les clichés étant retournés, il faut placer le personnage de façon qu'il soit également retourné, c'est-à-dire que, si on veut qu'il figure à droite, il faut le placer à gauche, et *vice versâ*. Le moyen le plus simple, dans ce cas, est de retourner le calque lorsqu'on l'applique sur la glace dépolie.

Quand la pose du personnage est bien déterminée, on fait le cliché comme d'habitude, et après la retouche sur gomme on recouvre de vernis, en ayant soin d'éviter le contact des doigts sur cette surface, car il se produirait inévitablement des taches lors des opérations subséquentes.

Le modèle devra poser devant un fond plus ou moins noir, suivant l'effet de perspective que l'on veut obtenir; dans tous les cas, le fond qui convient le mieux est celui qui est gris noir à la partie supérieure et d'un noir absolu dans le bas, en se fondant graduellement.

Le tapis sur lequel on pose le modèle doit être

également d'un noir mat sans reflets. On remarquera qu'avec ce procédé on peut superposer du blanc sur du noir, mais que le contraire est impossible pour des causes qui seront démontrées plus loin.

Il arrive fréquemment que, par une cause quelconque, les clichés sont voilés ; comme il importe au succès de l'opération que le fond soit au contraire très-transparent, on devra remédier à ce défaut en passant à la surface une peau de daim bien propre pour enlever le voile en évitant de toucher au sujet.

Quand le cliché est terminé et verni, comme le modèle se trouve en quelque sorte suspendu dans le vide, puisque tout le reste de la glace doit être transparent ou à peu près, pour y appliquer le fond choisi, il faut lui faire subir une première opération qui consiste à le recouvrir du mélange suivant :

Eau filtrée............................	100 c. c.
Albumine............................	100 c. c.
Glycérine..	5 c. c.

Après avoir renversé l'excès du liquide dans un second flacon, on fait sécher la plaque doucement au-dessus d'une lampe à alcool, puis on coagule l'albumine soit dans une solution aqueuse ou alcoolique de nitrate d'argent, soit par la vapeur d'eau ou simplement par l'immersion dans l'alcool à 40°, on lave ensuite et on fait sécher.

Il arrive parfois, lorsque les négatifs sont vernis depuis longtemps, que l'albumine refuse de s'étendre régulièrement sur le vernis ; il faut, dans ce cas, laver avec précaution la surface du cliché, en employant une solution légère de bichromate de potasse, pour enlever la matière grasse avant de verser la solution albuminoïde.

On peut remplacer la solution d'albumine indiquée plus haut, par une couche légère de gélatine sur laquelle on passe soit du tannin, soit de l'alun, pour la rendre insoluble.

Ce qui réussit également très-bien, c'est de recouvrir le cliché d'une nouvelle couche de vernis étendu d'une quantité égale d'alcool, avant de faire toutes les opérations ultérieures.

Quand le cliché est sec, on verse à la surface une couche de la solution sensible suivante, et dès lors toutes les opérations doivent être faites dans le laboratoire, à l'abri de la lumière blanche.

Eau filtrée................... 100 c. c.
Sucre candi................. 2 grammes.
Miel (selon la température), de 1 à 2 grammes.
Dextrine.................... 4 grammes.
Gomme arabique............ 4 grammes.
Phénol..................... 2 grammes.
Glycérine.................. 50 centigrammes.
Bichromate de potasse...... 2 grammes.

Le liquide sirupeux est versé sur le cliché de la même façon que le collodion, et l'excès peut être recueilli dans un second flacon pour servir à nouveau, après quoi on sèche la couche doucement au-dessus d'un fourneau ou d'une lampe à alcool, puis on expose à la lumière sous un cliché représentant le fond que l'on veut voir reproduit.

Il va sans dire qu'avant de mettre en lumière, le cliché du ou des personnages doit être mis en contact parfait avec celui du fonds, et cela de façon que le sujet occupe la place la plus convenable pour l'harmonie du tableau.

On pourra se servir, soit d'un châssis ordinaire, soit, ce qui est plus commode, de quatre pinces américaines qui maintiendront les deux glaces appliquées l'une contre l'autre pendant l'insolation.

Impression de l'image.

Comme l'image s'imprime d'une manière latente sans que l'œil puisse la voir, il est nécessaire d'employer le photomètre pour juger exactement du temps de pose, qui peut varier de une à trois minutes au soleil, et de cinq à dix minutes à l'ombre, selon l'intensité du cliché de fond.

Lorsqu'on juge l'exposition suffisante, on rentre le châssis dans le laboratoire, et on procède au développement de l'image de la manière suivante :

Développement.

Le cliché qui a reçu l'impression est placé sur la glace d'un pupitre à retouche, en face d'une fenêtre garnie de verres jaunes, et on passe sur toute la surface, — en évitant de toucher au modèle, — un blaireau fin chargé de poudre galvanoplastique impalpable ; sous cette friction, l'image du fond apparaît peu à peu ; quand on juge qu'elle est assez vigoureuse, on fixe la poudre en recouvrant le cliché d'une couche de collodion normal très-léger, composé de :

Éther sulfurique.....................	100 c. c.
Alcool à 40 degrés...................	100 c. c.
Collodion normal à 1 °/₀ de coton azotique	10 c. c.

Lorsque le collodion est sec, on plonge la plaque dans l'eau pendant quelques minutes pour la débarrasser du bichromate de potasse, qui pourrait retarder l'impression par sa teinte antiphotogénique ; après dessiccation, le cliché est verni de nouveau et il est alors prêt pour le tirage photographique.

Observations générales.

La durée de l'exposition est très-variable, car elle dépend de plusieurs causes, et, comme le succès dépend en grande partie de la justesse de l'insolation, il est important de déterminer au préalable le degré ou le nombre de teintes du photomètre pour chacun des clichés de fonds à imprimer ; le numéro ou la teinte du photomètre étant marqué, il deviendra alors plus facile d'opérer avec une grande approximation lorsqu'on voudra imprimer ces clichés, car il suffira de tenir compte de l'hygrométrie du milieu où on opère, de l'état de la température et de l'atmosphère, pour arriver à un résultat certain.

En général, si la pose a été dépassée, la poudre adhère difficilement et d'une façon inégale ; quand, au contraire, le temps d'exposition a été trop court, la poudre galvanoplastique s'attache partout et empâte l'image, qui manque alors de détails. Une épreuve dont la pose a été bien calculée se développe avec la plus grande facilité et une régularité parfaite sous le blaireau chargé de poudre, lorsqu'on le promène à la surface du cliché.

Avec un peu d'attention et d'adresse, on arrive à donner des effets très-artistiques à ces fonds, dont certaines parties peuvent être ménagées, tandis que d'autres sont, au contraire, intensifiées pour produire des lumières lors de l'impression de l'image positive.

Quand l'hygromètre indique que le temps est

humide, il faut prolonger un peu l'exposition et chauffer légèrement la plaque avant de l'exposer; on doit également la développer presque aussitôt, afin d'éviter les empâtements; lorsque, au contraire, le temps est très-sec, on facilitera l'adhérence de la poudre, lors du développement, en halant sur la plaque, ou au besoin en la plaçant pendant quelques secondes au-dessus de la vapeur d'eau, et on attendra quelques minutes avant d'appliquer la poudre, afin que la couche sensible, en absorbant un peu de l'humidité de l'air, devienne légèrement poisseuse sous le doigt ; ce dernier moyen réussit quelquefois à donner une épreuve satisfaisante lorsque le temps de pose a été sensiblement dépassé.

La proportion de miel, dans la solution sensible, pourra être modifiée selon que la température est plus ou moins humide, et elle devra être d'autant plus considérable que le temps est plus sec.

Insuccès.

Dans le cas où, par une cause quelconque,

le résultat de l'opération ne serait pas trouvé satisfaisant, on pourrait recommencer, sans pour cela que le cliché soit perdu; mais, au préalable, il faudrait le débarrasser de la couche poisseuse qui le recouvre; pour cela, on plonge la glace dans une cuvette remplie d'eau chaude additionnée de 1 % d'acide chlorhydrique; après quelques minutes d'immersion, c'est-à-dire quand la gomme est suffisamment ramollie, on frotte légèrement la surface avec un linge fin et doux, jusqu'à élimination complète de la couche gommeuse qui recouvre l'image du cliché, puis on rince à l'eau froide et on laisse sécher; il suffit alors de vernir le cliché à nouveau pour qu'il revienne à son état primitif.

Un autre moyen, plus sûr en cas d'insuccès et donnant des résultats presque aussi beaux, est le suivant :

Au lieu de verser la solution sensible directement sur le cliché, on recouvre celui-ci d'une feuille de papier végétal. Pour cela, on gomme d'abord le cliché vernis, puis on plonge la feuille de papier végétal dans une cuvette d'eau propre, on la place ensuite entre deux feuilles de papier buvard pour l'éponger et on gomme les bords tout autour, après quoi cette feuille de papier est posée humide sur le cliché, et on a soin de chasser les bulles d'air qui pourraient s'interposer entre les deux surfaces ; les bords sont alors collés, puis on met en presse pendant quelques instants et on fait sécher au-dessus d'un fourneau.

Pendant que le cliché est encore chaud, on verse sur la feuille du vernis à cliché, après l'avoir préalablement recouvert d'une couche de gomme très-claire.

C'est alors, sur cette surface ainsi préparée, que l'on verse la solution sensible en agissant comme il a été expliqué précédemment.

Si alors l'opération se trouve manquée, soit par un manque ou un excès de pose, soit par une autre cause, il suffit, dans ce cas, de plonger le cliché dans l'eau chaude additionnée de 1 % d'acide chlorhydrique et de l'y laisser jusqu'à ce que la feuille se détache ; on lave alors le cliché à l'eau fraîche, et on recolle une autre feuille de papier, comme il vient d'être dit.

Notes particulières.

Nous avons indiqué plus haut les conditions les plus rationnelles pour obtenir un cliché susceptible de donner de bonnes épreuves, mais il peut arriver qu'on soit obligé de substituer un fond quelconque à un autre fond déjà fait sur un ancien cliché ; dans ce cas, comme il faudra presque toujours faire disparaître tout ce qui entoure le sujet principal, on devra tout d'abord dévernir le cliché en le plongeant dans une cuvette plate, contenant une dissolution de potasse caustique additionnée d'alcool (voir page 126) ; lorsque le vernis est dissous, on rince à l'eau filtrée, puis on découpe le personnage, en suivant tous les contours extérieurs avec une pointe d'acier très-fine qui pénètre jusqu'à la glace ; il suffit alors de promener un pinceau trempé dans l'acide chlorhydrique sur toutes les parties du fond que l'on veut faire disparaître, pour mettre la glace à nu, en ayant soin de ne pas toucher au sujet ; on rince avec soin, puis le cliché est reverni et traité comme il a été indiqué,

Ce moyen est moins parfait que celui qui consiste à faire poser tout d'abord le personnage sur un fond noir, car les contours sont toujours plus secs, malgré tous les soins qu'on a pu apporter au découpage du sujet principal ; mais, dans certains cas, il pourra rendre des services : c'est pourquoi nous l'avons indiqué.

Ce procédé peut servir non-seulement pour la substitution de fonds de toutes natures à des fonds unis ou historiés qui existent déjà, mais encore à produire des effet de ciels et de nuages très-heureux sur des clichés de paysages, que l'on peut animer au besoin en ajoutant des personnages, comme on peut également produire des groupes en réunissant plusieurs sujets pris isolément pour en composer des tableaux variés.

On comprendra cependant que, pour produire une œuvre harmonieuse et artistique qui ne choque pas l'œil, il faut observer certaines règles de perspective et d'éclairage, en choisissant les sujets que l'on veut réunir dans un fond désigné, car si les personnages étaient éclairés dans un sens, tandis que le fond recevrait la lumière du côté opposé, ou encore si on donnait à certains accessoires qui doivent figurer au second plan

plus d'importance qu'au sujet principal, on crée-
rait une œuvre défectueuse et sans valeur aucune.

Avec un peu d'habitude, un homme de goût
pourra tirer un excellent parti de ce procédé, qui
permet de varier à l'infini la composition des
tableaux, trop souvent monotones, que l'on produit dans les ateliers photographiques.

Substitution par les silhouettes actiniques de fonds unis aux fonds grenus ou défectueux, lorsqu'on imprime par les sels d'argent.

Il arrive fréquemment qu'on est obligé de chan-
ger complétement le fond d'une épreuve, ou tout
au moins d'en modifier la valeur pour faire disparaître les défauts qui existent dans l'original, et
surtout le grain du papier, lorsqu'on a agrandi
d'après une image sur papier. Nous allons indiquer
les opérations successives pour arriver à ce résultat,
de façon à ce qu'il y ait harmonie complète, aussi
bien comme fondu dans les contours que comme
valeur de ton photographique.

La première opération consiste à placer une feuille de papier jaune sur le portrait du côté du collodion et, comme l'image est toujours visible par transparence, on trace au crayon les contours du portrait, que l'on découpe ensuite avec une pointe de canif bien acérée, en se servant d'une glace quelconque comme support ; la silhouette extérieure est collée par les bords *sur le côté opposé* au collodion, de façon à servir de *cache* et à préserver le fond de l'insolation. On raccorde au besoin certaines parties avec un pinceau trempé dans du vermillon délayé à l'eau, toujours du côté du cache et, pour compléter le fondu des contours, on se sert de l'estompe du côté du collodion, puis on expose dans un châssis-presse ordinaire avec une feuille de papier sensibilisé aux sels d'argent. Si on veut obtenir un dégradé blanc ou granulé fondu gris, on mettra sur la partie extérieure du châssis un dégradateur ovale, en bois biseauté en dessous, qui se trouvera éloigné de 3 à 4 centimètres de la glace.

Si, au contraire, c'est un fond plein uni plus ou moins foncé et gradué, ou un fond de paysage, de salon , etc., etc., que l'on veut obtenir, il suffira d'exposer en lumière avec le cache en papier jaune fixé au cliché, qui préservera le fond de l'insolation pendant que le portrait s'imprimera dans son entier. Lorsque l'image positive sera imprimée à sa valeur, on la sortira du châssis pour la poser à plat, face en dessus, sur une glace forte ; la marge extérieure sera préservée tout autour avec un cache en papier noir, ovale, cintré ou carré selon le goût de l'opérateur, de façon à ne laisser découverte que l'ouverture voulue, sur laquelle on placera un cliché représentant un fond de paysage, de salon, granulé ou autre, à volonté, le côté du collodion en contact avec l'image qui est en dessous ; on trace alors la silhouette sur la glace, à trois millimètres environ en dedans des contours, avec un pinceau trempé dans de l'ocre rouge délayée dans de l'huile d'olive ou non seccative, qui permet d'essuyer plus tard ; on applique l'intérieur de la silhouette en papier jaune que l'on recoupe aux ciseaux ou à la pointe à la dimension indiquée par la couleur, qui est alors effacée avec un chiffon, puis on silhouette de nouveau en suivant, cette fois, les contours aussi juste que possible, mais le trait en dedans ; le cache en papier jaune recoupé est mis sur l'image, et le tout est recouvert d'une glace demi-double, sur laquelle on suit encore les traits du dessin avec la même couleur rouge pour raccorder les lignes de la silhouette ; cette dernière opération a pour objet d'intercepter le passage de la lumière sur l'épreuve et de détruire les rayons directs produits par la première silhouette.

Lorsque, l'image ayant été tirée en dégradé sur fond blanc, on veut obtenir un fond grainé gris, pour que la partie inférieure puisse se fondre graduellement, on devra tamponner le bord inférieur du portrait avec la même couleur, pour tamiser la lumière sans laisser de ligne coupée trop sèchement. On expose alors sur une table tournante, après avoir placé une glace forte dessus pour faire pression, et on tourne la plaque de temps en temps pour que l'impression se fasse régulièrement ; on peut ménager les effets de lumière en portant un morceau de carton arrondi sur certaines parties qu'on veut préserver, pendant que les autres s'impriment avec plus de vigueur.

Comme on ne peut plus surveiller l'impression, pour arriver à une valeur certaine, on se servira du photomètre, dont on aura eu le soin de marquer le numéro sur le cliché du fond rapporté. Lorsqu'on juge que le temps d'exposition est suffisant, on rentre l'épreuve dans le laboratoire ; on enlève les glaces et le fond artificiel qui la recouvrent, et on procède à une dernière opération qui a pour objet d'éteindre les lumières trop vives, et d'harmoniser tous les tons de l'image avec le fond rapporté.

Pour cela, l'épreuve étant toujours à plat sur la glace forte, on la recouvre d'un verre transparent très-mince ; on ménage tous les blancs, en les recouvrant d'un papier jaune découpé par le même moyen expéditif indiqué précédemment, c'est-à-dire la silhouette des contours à préserver avec le rouge à l'huile ; on met sur le tout une seconde glace demi-double, sur laquelle on suit de nouveau tous les contours à ménager avec la couleur ; les lumières que l'on veut maintenir à leur valeur sont préservées par quelques coups de pinceau sur la glace, puis on expose de nouveau à la lumière pendant quelques instants, en promenant, si cela est nécessaire, des cartons arrondis sur les parties qu'on veut ménager pour les harmoniser.

Si on voulait simuler une sorte d'encadrement chimique d'une teinte plus ou moins foncée autour du portrait, soit unie, soit à filets, il suffirait de recouvrir le centre de l'épreuve avec un cache noir un peu plus petit que l'ouverture, et de mettre une glace transparente ou un autre cliché à filets ornementés sur le tout, pour exposer en lumière, jusqu'à ce que les bords extérieurs aient atteint la nuance voulue; on vire, on fixe, puis on finit par un bon lavage à l'eau courante.

L'épreuve ainsi terminée est montée sur bristol, repiquée et satinée; elle ne nécessite plus aucune retouche.

Dans le cas où le cliché primitif aurait une définition de lignes trop sèches, principalement pour les grandes dimensions, on pourrait donner plus de douceur à l'image positive en l'imprimant aux trois quarts de la valeur en contact avec le grand cliché, et on terminerait l'impression en séparant le cliché par une feuille de verre très-mince que l'on glisserait dans le châssis-presse, sans toutefois déranger la position de l'image.

La superposition des fonds que nous venons d'indiquer, qui semble très-longue et très-compliquée dans notre démonstration, est, au contraire, d'une simplicité extrême dans la pratique, et se fait avec la plus grande facilité et très-rapidement, lorsqu'on s'est un peu habitué à ce travail; ce procédé, dans tous les cas, a l'avantage de produire des fonds rapportés de toutes sortes ayant exactement la même valeur que le portrait qu'ils entourent, sans qu'aucun raccord soit perceptible à l'œil, et donneront à l'image un relief parfait, sans rien détruire des lignes, même les plus délicates du portrait.

Il arrive fréquemment que la substitution complète du fonds uni n'est pas indispensable, et qu'il suffit d'enlever les défauts de celui qui existe, pour l'harmoniser avec le sujet principal ; dans ce cas, le cliché est exposé à la façon ordinaire, *sans cache*, jusqu'à ce que l'épreuve soit imprimée aux trois quarts, et on masque alors le fond, en employant le système de silhouettes indiqué plus haut, appliqué sur la glace du châssis, jusqu'à ce que l'image ait atteint la vigueur voulue ; la feuille est retirée ensuite du châssis et placée face en dessus sur une glace forte, on la recouvre d'un verre ordinaire sur lequel les contours du sujet sont tracés avec la couleur rouge à l'huile, et le masque en papier jaune est placé sur l'image pour la préserver de l'action de la lumière, pendant qu'on expose le fond pour l'amener à la vigueur voulue, en ayant soin de graduer le ton, de façon que les parties extrêmes et le côté éclairé du sujet s'impriment plus vigoureusement que les parties les plus rapprochées du portrait, dont la tête doit s'enlever sur une partie plus claire, mais se fondant jusqu'aux extrémités.

Par ce moyen bien appliqué, l'image acquerra la valeur artistique d'une peinture, et n'aura pas la sécheresse de contours des photographies faites directement.

TABLE DES MATIÈRES

PREMIÈRE PARTIE

La photographie au charbon. — Procédés
opératoires.

CHAPITRE PREMIER

CHAPITRE II

15*

CHAPITRE III

CHAPITRE IV

CHAPITRE V

CHAPITRE VI

CHAPITRE VII

CHAPITRE VIII

Résumé des opérations

CHAPITRE IX

CHAPITRE X

DEUXIÈME PARTIE

CHAPITRE PREMIER

CHAPITRE II

CHAPITRE III

Substitution des fonds photographiques par clichés simultanés.

PRIX DU MATÉRIEL

	Imprimeur		Teinteur	
	fr.	c.	fr.	c.
Châssis-presses pour albums, 6 figures, la pièce.	35	»	40	»
— — — 4 — —	30	»	35	»
— — — 2 — —	20	»	25	»
— pour cartes, à 9 — —	35	»	40	»
— — — 6 — —	30	»	35	»
— — — 3 — —	20	»	25	»
Inscription vitrifiée pour teinteurs; composition.			20	»
Verre gravé grandeur album, la pièce			2	50
— — carte, —			2	»
Machine à couper le papier au charbon.			150	»
Calibres en glace dépolie pour grandeur album.			3	»
— — — — — carte.			2	»
Raclettes, bois et caoutchouc, grand format.			3	75
— — — petit format.			2	75
Photomètres à 1 teinte.			3	50
— à 4 teintes			6	»
— à 8 numéros avec châssis.			5	»
Plaques de zinc grainées 30$\times$40.			25	»
— — — 44$\times$56.			40	»
— — — 56$\times$75.			65	»
Machine complète pour la fabrication du papier au charbon, de 3^{m}60 de longueur sur 0^{m}75 de largeur.			650	»

	fr.	c.
Appareil pour chauffer l'eau	100	»
Papier au charbon, le rouleau de 3^m60 de longueur sur 0^m75 de largeur.	10	»
Papier au charbon, spécial pour transparent ou pour contre-types, le rouleau	12	»
Papier de transfert ordin^{re}, de même dimension, le rouleau.	3	»
— — porcelaine, la feuille de 50×64. . . .	»	75
Papier support flexible pour développement, la main. . .	13	»
— — — — — la feuille . .	»	75
Toile caoutchoutée, le mètre carré.	10	»
Gélatine pour papier au charbon et papier de transfert, le kilog	6	50
Couleurs mélangées, le kilog	60	»
Papier sensible pour photomètre, la feuille.	1	»
Collodion normal coloré pour transport, le litre.	8	»
Collodion négatif ioduré, le litre.	16	»
Benzole, le litre	7	50
Bichromate de potasse, le kilog..	6	»
Alun en cristaux, le kilog.	1	50
Chrome-alun, le kilog	7	»
Ammoniaque liquide pur, le litre	5	»
Cire jaune, le kilog.	7	50
Essence de lavande, le litre.	25	»
Glycérine, le litre	4	50
Gomme arabique, le kilog.	8	»
Permanganate de potasse, le kilog.	50	»
Vermillon à l'eau, le tube.	»	75
Noir d'ivoire à l'huile, le tube	1	50
Ocre rouge à l'huile, le tube	»	75

	fr.	c.
Laque carminée à l'huile, le tube	3	»
Poudre galvanoplastique n° 1, l'étui	1	75
Poudre composée pour la retouche positive, l'étui	2	75
Papier minéral, grand format, de 76×103, la main	8	»
— — petit format, de 56×75, la main	3	75
Appareil à fixer par insufflation	6	50
Fixatif, le flacon	1	50
Papier jaune, la main	1	75
Papier noir.	1	75
Chevalet lambertype avec jeu de rainures en gutta-percha, et cuvette en verre et zinc	85	»
Estompes en peau et en papier, le paquet de 12.	6	»
Crayons de deux numéros pour retouche, le paquet de 12.	4	50

On pourra toujours se procurer le matériel ci-dessus désigné en s'adressant à M. LIÉBERT, qui se charge de donner des leçons aux amateurs et aux photographes de profession, soit par correspondance, soit dans ses ateliers, à Paris.

Paris. — Imp. F. Malteste et Cie, rue des 2 Portes-S.-Sauveur, 22.